08

본격
한중일
세계사

# 본격 한중일 세계사
## 08 막부의 멸망과 무진전쟁

초판 1쇄 발행 2020년 7월 24일 **초판 3쇄 발행** 2023년 5월 24일

**지은이** 굽시니스트
**펴낸이** 이승현

**출판2 본부장** 박태근
**지적인 독자 팀장** 송두나
**디자인** 하은혜

**펴낸곳** ㈜위즈덤하우스 **출판등록** 2000년 5월 23일 제13-1071호
**주소** 서울특별시 마포구 양화로 19 합정오피스빌딩 17층
**전화** 02) 2179-5600 **홈페이지** www.wisdomhouse.co.kr

ⓒ 굽시니스트, 2020

ISBN 979-11-90908-14-6 04900
　　　979-11-6220-324-8 (세트)

# 눈떠보니 일층일류 세계사

## 08
## 막부의 멸망과
## 무진전쟁

굽시니스트 글·그림

위즈덤하우스

# 머리말

드디어 메이지유신의 클라이막스, 막부의 멸망에 이르게 되었습니다. 흑선내항 후 15년 만에 레짐 체인지라니, 정말 일본 역사상 가장 빠른 격류의 시대였다 하겠습니다. 수많은 인재가 쏟아져 나오고 온갖 사건들이 월 단위로 터지던 막말 유신기, 일본 역사 드라마 배경으로 전국시대와 함께 가장 많이 다뤄지는 시대기도 하죠. 또한 이후 서구화, 근대화를 통해 국운이 아주 크게 흥하게 되니 정말 일본인 마음속 국뽕의 근원인 시대라 하겠습니다(서구화를 통한 강대국 건설은 본편에서 다루는 시대보다는 좀더 뒤의 이야기지만, 그런 쾌속 진화를 가능케 한 근본은 이 체제 교체였다고 할 수 있지요).

이처럼 낡고 오래된 체제 아래에서 쇄국의 깊은 잠에 빠져 있던 이들이 초월 문명을 접하고, 폭풍 같은 도약을 이룬다는 이야기 구조는 일본인들의 시대 서사 감각에 깊이 스며 있을 법한 것이니, 일본 서브컬처에서도 그러한 서사 골격의 흔적을 종종 찾아볼 수 있습니다. '마크로스'라든가, '그렌라간'이라든가, 《진격의 거인》이라든가, 기타 등등.

사실 이걸 시대 서사로만 볼 게 아니라, 그냥 보편·일반적인 이야기 구조로 보자면 '바보 온달과 평강공주' 이야기 아닌가 싶습니다. 동네 바보였던 온달이 평강공주를 만나 대장군으로 출세하는 이야기는, '지금은 찌질한 나지만 배우자 잘 만나면 숨겨진 포텐을 폭발시킬 수 있을 거야!'라는 평강공주 신드롬으로 우리 곁에 남아 있습니다. 무협지에서도 찌질한 주인공이 기연을 만나 절세무공을 얻는다는 이야기 구조가 있지요.

이게 참 역사와 전통이 있는 사이다 서사인데, 이를 한 나라의 역사에 그대로 적용해 읽은 것이 메이지유신 근대화 사이다 신화라 할 수 있겠습니다. ㅇㅇ, 확실히 이후 일본은 국가적 차원에서 메이지유신을 신화화했지요. 신화에는 언제나 신화다운 교훈과 계몽, 숭앙받을 만한 어떤 것에 대한 메시지가 담겨 있기 마련인지라 그런 부분들이 오늘날 저 거대한 집단 에고의 기반이 된 측면이 있겠습니다.

　　물론 19세기가 저 머나먼 고대도 아니고, 이 역사를 읽는 우리가 이를 신화로 읽을 필요는 없겠지요. So, 저 검증된 재미 보장하는 무협지적 서사를 떠나서, 교과서적 세계사 — 보편·일반적으로 재미없는 역사 이야기를 통해 메이지유신의 첫 단계인 체제 교체 내전을 훑어보고자 합니다. 모쪼록 졸저가 어떤 독자 분께는 근대사에 대한 작은 기연이 될 수 있기를 희망합니다.

2020년 7월

굽시니스트

# 차례

# 제 1 장

# Conspiracy
# theory

조선이 개국하던 그해.

일본에서는 남조가 북조에 항복, 60여 년의 남북조 대립이 종결된다.

삼종의 신기를 넘깁니다. ㅠㅠ

뭐 어차피 짝퉁이겠지만

고카메야마 천황　　고코마쓰 천황

크흙; 이 신국은 결국 저 무식한 사무라이 놈들의 나와바리가 되는구나;

무로마치 막부의 꼭두각시인 북조가 고다이고 천황 이래의 정통 남조에서 삼종의 신기를 넘겨받은 것.

이는 천황이 다스리는 율령제 국가의 꿈이 사무라이 세력에 의해 최종적으로 실패했음을 의미한다.

南

北

이후 500여 년이 흐르도록
북조 혈통의 천황이 무사 정권의
장식 인형 노릇을 하며
제위를 이어왔다.

하지만 황통의 진실과 역사를
공부하는 지사들의 탐구도
이어져왔으니.

1392년 이후로
어찌 이 나라에
천명이 있었던 적이
있겠는가.

언젠가,
남조의 정통성을 되살릴
True King이 나타날 것이다!

무사 정권을 타도하고
천황의 치세를 다시 연다는
목적을 추구할 경우,

무사 정권의 꼭두각시인
북조 황통에 대한 의문에
필연적으로
맞닥뜨리게 되지요.

아니, 그래 봤자 이제 와서 만세일계의
황통을 부정할 수는 없잖습니까?
황실 족보에는 이제 북조 혈통밖에 없는데;;

허황된 결벽증일 뿐,
실질적인 의미는 없는 의문이지요.

**오무로 도라노사치**　　**이토 히로부미**

뭐 그렇긴 함.

하지만 천황이 우리를 싫어하신다면,
우리도 천황에게 충의를 다하지 않을
구실 중 하나가 될 수는 있겠지요.

과연, 천황은
역적 종자들을
대단히 싫어해서—

미친 조슈 역적 놈들을
어찌 살려두겠는가?!

명색이 무사란 놈들이 살짝
밀린 거 가지고 어찌 이리
쉽게 칼을 던지는가?!!
멘탈 실화냐?!

조슈 정벌 지속을
원했지만

정벌군의 연이은 패전,
(6권 참조)

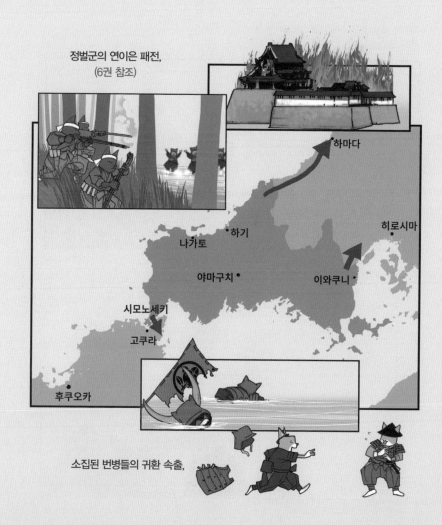

하마다

히로시마

하기

나가토

야마구치

이와쿠니

시모노세키

고쿠라

후쿠오카

소집된 번병들의 귀환 속출,

여기에 조슈 정벌 동원으로 쌀값이 폭등.
전국 각지에서 쌀 폭동이 빈발.

1866년 10월 8일, 4경계 전쟁(2차 조슈 정벌) 종료.

천하가 경악하는 가운데 막부는 일단
천하공론을 겸허히 듣는다는 입장을 내놓고

…천하공의를 따르겠소이다.

비상 시국이니만큼 일단 요시노부가 도쿠가와 가문의 당주 자리를 바로 이어받았지만, 짐짓 쇼군 직위에는 욕심이 없는 척한다.

요시노부의 쇼군 승계에 대해서는 반대가 만만치 않기 때문이니,

前쇼군께서는 계승 순위 언급에서 혈통 근연에 따라 다야스 도쿠가와家의 이에사토를 1순위로 두셨소.

덴쇼인이 이에사토를 다음 쇼군으로 밀었고

**도쿠가와 이에사토(4세)**

막부 내의 요시노부 안티들에 의한 비토도 만만치 않고.

요시노부의 개인 가신단인 히토쓰바시家 가신들도 주군의 쇼군 계승에 절대 반대를 외치고 있었다.

이 시국에 쇼군 직위라니, 비시프랑스 페탱 꼴 나는 거죠!

**시부사와 에이이치(26세)**

막부 블랙홀에 우리 금고가 순식간에 녹아 먹힐 겁니다요;

아니, 그래도 이 시국에 막부를 네 살짜리에게 맡겨놓을 수는 없잖나.

천지격변 대전환기에 막부 자체를 놓고 딜해야 할 대사도 있을 것인데, 이는 쇼군이 직접 나서지 않으면 아니 될 일;

(막부 망하기 전에 나 쇼군 한 번은 해보자?)

막각 또한 親요시노부 각료들의 공작에 의해 결국 요시노부 쇼군으로 중의가 기울고,

이에사토는 덴쇼인 치마폭 속에 있고 덴쇼인 뒤에는 사쓰마가 있다는 걸 기억합시다.

조정에서는 천황이 안티 요시노부를 외치는 목소리들을 다 뭉개고 요시노부 지지를 표명.

이 시국에 믿을 건 요시노부뿐이다.

이에 오오쿠에서도 오미다이도코로(대비마마)가 된
가즈노미야가 요시노부의 쇼군 승계를 지지.

이에 1867년 1월 10일,
천황의 쇼군 임명 어명을 받들어—

**도쿠가와 요시노부(30세) 정이대장군 취임!**

요시노부의 쇼군 취임 20일 후인 1867년 1월 30일,
**고메이 천황 사망.**

어버버버버버;;;;

…이게 정황상 여러 숭한 이야기가 있다지 말입니다.

멀쩡하던 양반이 갑자기 이리 가시다니, 좀 이상하지 않습니까?

이하—

# The 음모론

1867년 1월 29일 밤,

京都

고메이 천황은 간만에 유흥상무 이와쿠라 도모미를 만나 유흥길에 나선다.

요즘 고생 많았지?

어휴, 황공하옵니다;

유흥 뒷구멍을 통해 황궁을 나와
연회장으로 향한 고메이 천황은
총애하는 게이샤 호리가와 기코와
즐거운 시간을 갖는다.

으따,
세팅 잘해놨구만.

옛날 생각
나는구만요.

이와쿠라 공,
추방 이후로 마음 고생 많았을 것인데.
조정 꾄들만 정리하면
바로 조정으로 다시 부르겠네.

· · · · ·

예전의 그 기세 그대로 살려서!
이제 진짜로 율령국가
일본을 함께 만들어보자고.

···성은이
망극하옵니다~

술이 들어가면 반드시 큰 일을 보러 가는 천황.

으따, 화장실도 고급지게 해놨네.

서양식 양변기가 더 편하다는 사람들도 있지만, 인체 구조상 이렇게 재래식 변기에 쪼그려 앉는 자세가 직장이 펴져서 똥이 제대로 빠지는 자세지.

뿌딕

뿌디디딕

푸자자
뽀드드디

읗푸훅쑥

읗푸훅쑥?

용서하시옵소서;;
폐하;

힘 빼시옵소서;
폐하;;;

풀썩~

고메이 천황의 시신은 유흥 통로를 통해
비밀리에 궐내 모처로 옮겨진다.

깨끗하게 씻은 시신 그 어디에도 외상이나 독살의 흔적이 없었고,
(항문으로 찔러넣어서 상처가 몸 안에 있다)

매수된 어의는 최근에 천황이 앓았던 병인
천연두로 사인을 발표한다.

제위는 고메이 천황의 아들 무쓰히토가 승계.

1867년 1월 30일, 메이지 천황(15세) 즉위.

워낙에 그럴듯한 음모론인지라, 이토 히로부미는 평생 이 음모론을 뒷담화로 달고 살아야 했습니다.

하지만 이토 히로부미가 정녕 시해범이 아니었다면,

이토는 어째서 평생 수세식 양변기만을 애용했던 걸까요?!

일본 최초로 상하수도에 연결된 수세식 양변기는 고메이 사망 20년 후인 1887년에 설치된다.

# 제 2 장

# Four Lords Council

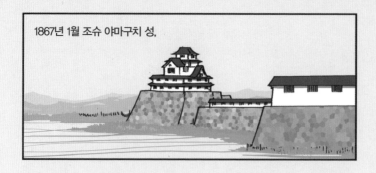

1867년 1월 조슈 야마구치 성,

가신들이 번주에게 새해 인사를 올린다.

"올해는 도쿠가와를
칠 수 있을는지요?"

1년 전 막부의 2차 조슈 정벌을 깨부순 조슈의 기세는 욱일승천.

토막(討幕): 막부를 토멸

조슈의 불타는 기세와 달리 사쓰마 측에서는
즉시 무력 토막에 대해 유보적 입장.

거, 조슈 놈들 싸움질 참 오지게 좋아하네.

2차 조슈 정벌전에서 막부가 졸전을 벌였다지만, 그 정벌군은 막부 본진 병력이 아닌 지방 번병들. 막부 본진을 만만히 볼 수는 없죠.

○○. 요시노부가 쇼군 자리에 앉아 막부의 진용을 재정비하고 있으니 일단 분위기를 좀 살펴봐야 합니다.

쇼군이 되었지만 에도로 돌아가지 않고 여전히 오사카 성에 머물고 있는 요시노부.

막부를 어떻게 일신하려는가?

1867년 2월, 요시노부는 오사카 성에서 영국, 프랑스, 미국, 네덜란드 공사들을 접견.

새해 복 많이 받으십쇼~

쇼군 취임 축하드립니다~

효고 개항 약속 지키실 거죠?

모찌롱!

요시노부는 서양 공사들에게
커피, 위스키를 대접하며 담소를 나눈다.

저 땅끝 변방 시골 놈들이
말썽을 조금 부리고 있을 뿐,
막부의 지도력은 건재합니다!

이제 막부의
서구화 개혁을
믿고 밀어주시죠!

쇼군께서는
계획이 다 있으시군요!

서양 공사들은 모두 보고에서
요시노부를 높게 평가한다.

새 쇼군이야말로
일본에서 믿을 만한
유일한 정치가입니다.

세계에 대한 이해,
서양에 대한 호감이
인상적인 현대 신사죠.

특히
프랑스와의 관계가
매우 돈독하게 발전.

메르시~

작년,
누에병으로 고통받던 프랑스에
일본 누에를 보내주신 데 대한 답례로
우리 황제께서 아라비아 말과
육군 원수 제복을 보내드립니다~

**주일 프랑스 공사 레옹 로슈(일뽕)**

뭐, 서양인들은
동양에서 황제가 외국에
관복을 보내는 의미 같은 건
전혀 모르겠지요. ㅎ;

그리고 막부의
근대화 정책 추진을 위한
차관 240만 달러도
보내드립니다~

그 근대화 정책의 가장 큰 사업은
1866년부터 진행된
요코스카 군항 프로젝트

에도

요코하마

요코스카

우라가

프랑스 기술진의 협력으로 요코스카를 군항으로 개발,
근대식 조선소와 제철소, 군수공장을 건설하는 대형 프로젝트.

이러한 근대화 정책의
실무 지휘자는 견미 사절단 감사였던
계정·육군 봉행(재정·육군 장관)
**오구리 다다마사.**

이이 나오스케 휘하
난키파 라인이었지만,
요시노부에게도
중용됩니다.

막부 조직도
서양식으로 부·국제를 실시하고,
총재를 임명하도록 한다.

군사력 강화를 위해
최신 후장식 소총인 샤스포 1만 정 수입!

암스트롱 포 수십 문 수입!

무기 국산화를 위한 총포 제조창 설립!
벨기에에서 화약 공장 설비 도입!

1867년 1월, 프랑스 군사 고문단의 지도하에 전습대 설립!

최초 3200명의 병력으로 시작.

伝習隊

육군 두병
오토리 게이스케(34세)

샤를 샤누안 장군    쥘 브뤼네 중위

그랑 X 니뽕
환상의 콜라보!
르노 닛산 같은 거죠!

일본에서 유일하게
서양식 훈련을 제대로 받은
이 전습대라면
조슈 놈들 바를 수 있겠지?

…이 전습대 병사들은
어중이떠중이 백수들을
여기저기서 돈으로
불러 모은 사람들인지라

애향심, 단결력, 사기 등등에서
근대 국민군 양상에 근접한
조슈군에 비해 멘탈이
심하게 딸립니다.

멘탈이 문제라니!
네놈들이 지금 허리에 찬 것이 칼이고
어깨에 맨 것이 최신식 소총이다!!
백성 나부랭이에게
허락된 것들이 아냐!

즉, 여기서 열심히 훈련받고
전쟁터에서 잘 싸우면
너네도 사무라이 나으리가
될 수 있다는 말이야!!

우워우오워우오오오!!

그러려면 사무라이 정권인
막부를 네놈들 손으로
지켜내야 하는 것이다!!

…서양식 근대 국민군을
만들자는 취지의 전습대인데
사무라이 운운은 좀…

이 나라의 군대는
어떤 식으로든 결국
사무라이 운운으로
가게 되어 있어.

# Meanwhile,

군사 개혁에 있어서 해군은 육군보다
더욱 월등한 성취를 이뤄간다.

해군은 무조건
돈으로 바른 만큼
성과가 나오니까.

1862년에
네덜란드로 보냈던 해군 유학생들이
1867년 3월, 네덜란드제 프리깃
가이오마루를 타고 귀환.

Hoi~!

크핫! 드디어
진짜 해군
완성이다!

**군함 봉행 가쓰 가이슈**

운좋게 2차 슐레스비히 전쟁을
관전했는데요, 보니까 독일산
크루프 포가 대세더라고요!

그래서 가이오마루의
탑재 함포도 크루프 포로
맞춰 왔습니다!!

거러췌!
암스트롱 포는
신뢰도가 후달려서
영국 해군도
거른다더라!

유학생 대표 해군 두병
**에노모토 다케아키**(31세)

2차 산업혁명
초고속 통신망
시대를 열 전신기도
가져왔습니다!

2600톤급 가이오마루와
1000톤급 후지야마마루 등 막부 주력함은
웅번의 500톤 이하 함선들을 압도.
인적 자원 측면에서도 제대로 된 해군 교육을 받은
막부 해군은 웅번 해군과 차원을 달리했다.

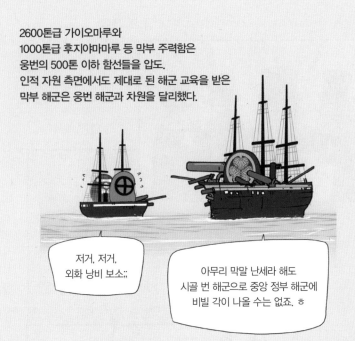

저거, 저거,
외화 낭비 보소;;

아무리 막말 난세라 해도
시골 번 해군으로 중앙 정부 해군에
비빌 각이 나올 수는 없죠. ㅎ

이처럼 막부가 서구 열강의 지지와
협조를 얻은 상태고, 막부 군사력도
서양식으로 강화되고 있으니,
무력 토막을 쉽게 얘기할 수는 없는 것.

京都
Kyoto
1km

So, 무력을 논하기 전에 먼저
막부의 권위를 허물고 급소를 때릴
정치적 공작을 도모해봐야지.

**그 급소는 바로 2년 전 막부가 약조한 효고 개항!**

1865년 11월, 양놈들의 압박으로 막부는 1868년 1월 안에
효고(고베)를 개항하고, 조약 칙허를 위해 천황의 도장도
곧 찍어주기로 약조했었지.

그런데 고메이 천황이 조약 칙허
도장 찍기 전에 사망했고,

효고 개항 약조의 시간은
점점 다가오고 있으니 요시노부의
똥줄이 살살 타오를 것.

빨리 새 천황에게
컨펌 도장을 받아야;;

다행히도 관백이
우리 편이지.

메이지 천황이 아직 어린지라
관백 니조 나리유키가 섭정을 맡아
국사를 대행하고 있긴 한데.

어; 음; 일단
나 님은 親막부
인사긴 하지만;;

**Last 관백 니조 나리유키**

고메이 천황 사후, 反막부 꿘 공경들이
조정에서 목소리를 높이고 있는지라,

효고 개항은 불가하옵니다!
추방된 꿘 공경들의
조정 복귀가 우선입니다!

아니, 효고 개항 칙허는
선황께서 약조하신
거라니까요!?

으응····;;

하! 선황께서 결국 시간 끌면서
도장 안 찍어줬을 거라는 건
쇼군께서 더 잘 아시잖습니까?

이렇게 조정을 부추겨 정치 체계를
'천하공의'로 개편토록 막부를 압박하는 것이
우리의 전략이다!

원, 이리 중요한 문제는
막부 독단으로 처리하게
두면 안 되겠습니다.

윙?;

천하공의!
여러 번들이 정치에 참여하여
국가 대사를 함께 논하도록 합시다!

쇼군께서도 항상 천하공의를
중시하겠다고 천명하셨잖소이까?

정치 힘들죠?!
우리가 도와준다!

아놔; 저것들이
또 뭔 수작질을
부려놨구나;;

(사쓰마 등의 로비스트들이 조정을 움직여 세팅한 대로)
주요 웅번의 제후들이 조정의 천하공의 하문에 응해
1867년 6월, 교토로 상경한다.

크앗! 다시 교토
정치 게임이다!

근데 이거 뭔가
익숙한 느낌인데요;

| 사쓰마 번 | 에치젠 번 | 도사 번 | 우와지마 번 |
| 시마즈 히사미쓰 | 마쓰다이라 슌가쿠 | 야마우치 요도 | 다테 무네나리 |

이렇게 교토로 올라온 4명의 제후들이 구성한 협의체-

# 四侯会議
## 4후회의

이제 우리가
나라를 캐리한다!

3년 전 산요회의의
리메이크 같기도…

이번에는 산요회의와 달리
정신 바짝 차리고 확실히
막부의 권력 독점을 깨리다!

4후회의 결성에는 구체제의 다이묘들이
내심 막부와의 권력 분점을 통해
기득권을 이어가고자 하는
속셈도 없지 않았을 것.

구체제 타도! 기득권 청산!
일군만민! 사민평등!
중앙집권! 시대혁명!

· · · · · ·

일본을 이끄는 건 하급 무사
찌끄러기 꿘들이 아니라 고귀한
우리 다이묘들이어야…

1867년 6월, 4후회의는 2주에 걸쳐 조정,
요시노부와 협상에 나선다.

효고 개항 칙허 강행하려면
1. 조슈에 대한 사면!
2. 추방된 공경들에 대한
조정 복귀-도
함께 처리하도록 합시다!

ㄴㄴ!
국가 대사는
거래 대상이
아니오!!

천하공의를 수렴하는
제후회의의 정치 참여를
거부한다는 의미요?!

아니, 뭔 자기들 멋대로
작당하고 권력 내놓으라
난동이라니, 이 무슨
근본 없는 개수작임?!

4후회의와 요시노부가 교토 니조 성에서 가진 협상은
별 소득 없이 기념 촬영만 하고 끝남.

양놈들 풍습
괴이하다.

자~ 기무치~

결국 조약 칙허 정국은
4후회의와 막부 간의
조정 로비 싸움으로
흐르게 되고.

결국 아사히코 친왕을 필두로
5섭가, 조정 상층부를 포섭한 막부 측이 승리.

지긋지긋한
조약 칙허 껀도 마무리되었고,
새 천황의 조정도 대충 막부의 컨트롤 아래
놓였다는 게 입증되었고…
이 흐름 괜찮아. 나쁘지 않아.

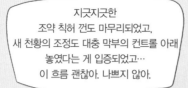

정치 게임에서 아득바득
이겨먹으려고 드는 게
과연 좋을는지 끝까지
두고 봅시다!! 크악!

4후회의 해산,
귀향.

뭐, 어쩐지 이렇게
될 거 같은 익숙한
느낌이 있더라니까.

데자뷰다
데자뷰~

이처럼 정치적 해법을 통한 막부 권력 와해 기도가
실패로 돌아감에 따라―

거, 역시
말로 해선 안 된다니까.
권력은 총구에서 나오는 법!

후;
Good cop 노릇도
못 해먹겠네;;

조슈와 사쓰마는 무력 토막으로 가닥을 잡고
계획을 진행하기 시작한다.

이토 야마가타

## 굽씨의 오만잡상

삿초와 막부 간의 대결에서 영국이 삿초를 지원하고, 프랑스가 막부를 편들었다는 도식이 정설인 양 받아들여지던 시절도 있었더랬습니다. 영국과 프랑스의 전통적인 라이벌 관계를 생각하면 꽤 그럴듯한 얘기이긴 합니다만, 사실 실제 역사와는 거리가 먼 이야기지요.

실제로는 영국과 프랑스 양국 공히 본격적인 내전 국면 이전까지 막부만을 일본의 합법 정부로 인정했고, 신정부의 승리가 분명해지기 전까지는 중립을 지켰습니다. 평범하게 국제 사회의 일반적인 룰을 준수했던 거죠.

삿초 편이라고 소문이 난 영국 공사 파크스도 사실은 일관되게 쇼군 요시노부를 지지했고, 런던도 일본 내전 개입에 대해서는 전혀 고려하지 않고 있었습니다. 그리고 막부 편이라고 소문이 난 프랑스도 사쓰마 측과 활발히 교류하여, 몽블랑 백작 같은 프랑스 인사가 사쓰마의 서구화에 큰 영향을 끼쳤습니다.

그럼에도 불구하고 영불이 각각 삿초와 막부를 편들었다는 이야기가 널리 퍼진 건 이런저런 썰들이 작용했기 때문이라고 합니다. 일단 프랑스 공사 레옹 로슈가 허세 만땅인 인물이었던지라, 막부 측에 온갖 공수표를 남발하며 이를 과시했다고 합니다. 거액의 차관을 제공해주겠다고도 하고(안 줌), 프랑스 병력의 지원을 제안하기도 하고(안 옴). 이런 허세는 당대인들에게 프랑스가 막부를 지원하고 있다는 느낌을 주기 충분했겠지요.

하지만 나폴레옹 3세 치세 말기의 프랑스 제2제정은 일본 내전에 개입할 여력이 없었고, 프랑스의 동양 정책 원칙은 되도록 영국과 보조를 맞추는 것이었습니다. 로슈의 허세는 본국의 방침이 아닌 개인 플레이였을 뿐이었던 거죠. 그런 허세의 배경에는 로슈의 파크스에 대한 개인적인 라이벌 감정이 있었다고 합니다. 로슈와 파크스가 미녀 게이샤 한명을 두고 경쟁했다는 소문도 있었다니 말이죠. 파크스도 사이고나 기도 같은 삿초 측 인사들과 회동하는 모습을 자주 보여 영국의 삿초 지원설을 부추긴 부분이 있다 하겠습니다.

그리고 유신 신정부 측에서는 신정부가 세계 최강국인 영국의 지원을 받고 있다는 이미지를 즐겼겠지요. 이후로는 일본이 영국을 모델로 근대화를 추진해나가고 결국은 영일동맹에 이르기까지 친영 행보를 이어갔으니, 메이지 유신 주도 세력과 영국의 친분을 강조하는 이야기는 공식 설정으로 삼을 만큼 괜찮은 이야기였겠지 싶습니다.

뭣보다 19세기 일본이 서구 열강의 개입이라는 위기에 놓여 있음을 강조하는 도구로서 영불의 일본 내전 지원설이 소비되어온 측면이 있습니다. 일본의 서구화는 외세의 침탈에 맞선 방어적 입장에서의 서구화였음을 강조하는 관점이 있는 거죠. 이는 이후 대만, 조선에 대한 침탈도 그런 방어적 서구화의 연장이었다는 강변으로 이어집니다. 하지만 실제로 당대에 일본 본토에 대한 침탈을 계획한 열강은 아무도 없었고, 외세의 위협은 당대인들의 느낌적 느낌이거나 이후의 제국주의에 대한 변명일 뿐이지 싶습니다.

# 제 3 장

# 선중8책

료마의 고향인 도사 번의 다이묘
야마우치 요도는 본가의 양자를 번주로 세우고
대원군 노릇으로 번정을 운용해왔다.

언제나 명예회장이
진짜 보스지요.

**야마우치 요도**(40세)
**山内 容堂**

존 만지로 등을 등용해 신학문을 받아들이고
번의 부국강병에 힘쓴 명군으로 평가받는다.

1860년대 초에는
다케치 한페이타가 이끄는
과격 존양 그룹인
도사 근왕당을
밀어주는 듯 하다가

우리 도사의
애국지사들이
교토를 주름잡고
있다니, 장하구만!

1863년 8·18 정변 이후에는
도사 근왕당을 숙청.
핵심 인사 다수를
처형, 할복 조치한다.

뭔 사람들을
이리 많이 죽여댄겨?!
법의 심판을 받아라!

이후, 산요회의에 참여.

反막부파와 막부 사이에
균형을 잡아보자.

1867년에는
4후회의에 참여.

… 히사미쓰와
요시노부는 도저히
함께 얘기를 진행할
방법이 없구나….

막부로는 이제
안 된다 안 카나.

그래서 요도는
술에 취하면 도막

좌막(親막부)과 도막(反막부)
사이에서 와리가리 하는 요도의 행보.

술 깨면 좌막이라는
평을 받고 있다.

방계인 본인을
권좌에 앉혀준 막부에
충성 충성~!

사실– 요도의 그런 양다리 포지션은
갈팡질팡이라기보다는
도사 번의 정치적 입장을
그렇게 드러낸 것이라 할 수 있죠.

도사 번의 중론은 좌막도 도막도 아닌
여러 번들이 권력을 분점,
다 함께 협의해 나라를 굴리는
'공의정체'!

公議政体

그 와중에 번의 상급 무사 엘리트인
이타가키 다이스케는 삿초의 도막 노선에 찬동.
사쓰마와 함께 反막부 군사 동맹을 추진하기도 하고.

**이타가키 다이스케**(30세)

또한 도사 번정은
도사 근왕당의 도주 잔당을 용서.
그 일당인 사카모토 료마가 세운 회사
해원대를 고용해
사업을 추진하기도 한다.

솔직히 말해서
이 회사는 자본 잠식
상태입니다만;;

도사 번 참정
**고토 쇼지로(29세)**

파견 회계 감사
**이와사키 야타로(32세)**

아니, 지금 사업이 문제가
아니라! 천하 대란이
터지게 생겼다고요!!!

삿초가 곧 일으킬 막부 토벌 전쟁이
도사에 득 될 것이 있겠습니까?!
전쟁으로 다 같이 망하지 않도록
큰 번주 님께 방책을 아뢰야 해요!!

음;;

이에 1867년 6월,
료마는 전쟁을 피할 방책을
요도에게 아뢰기 위해
배를 타고 교토行.

근데 무슨 방책으로
전쟁을 피한다는겨?

그건 지금부터 생각을
정리해봐야죠.

교토로 가는 배 안에서 료마는 도막파와 막부가 모두 받아들일 만한 신체제 건의안을 작성.

인터넷에 쓰면 방구석 제갈량 정덕 망상 소리나 듣겠지만.

그렇게 배타고 가면서 작성된 방책안-

# 船中八策
## 선중8책

1. 대정봉환-
   막부는 천하의 정권을 조정에 반환하고 조정을 중심으로 새 정부를 세운다.

도로 가져가쇼. 퉤!

2. 상하의정국 설치-
   상원과 하원을 두어 그 의원들이 천하공의를 모아 국사를 결정케 한다.

上

상원- 지체 높은 번주 님들을 의원으로.

하원- 여러 번사들과
백성들의 대표를 의원으로.

3. 여러 번주들과 천하의 인재들이
   새 정부의 새 관직을 맡고,
   구체제의 쓸데없는 관직들은
   폐지한다.

이제 새 정부에서 함께
감투 나눠 갖자는 소리죠.

4. 외국과의 교류를 확대하고 불평등 조약은 개정한다.

우리도 이제 근대 정부임!
만국공법에 맞게
개정합시다!

오, 레벨 업
한 건가?!

5. 미개한 옛 법도들을 폐지하고
   근대적이고 무궁한 법제를 제정한다.

6. 교토에 상비군으로
   어친병을 두어
   수비와 치안을 맡긴다.

7. 해군을 확장한다.

8. 금은의 시세를 국제 시세에
   확실히 연동토록 한다.

6월, 고토 쇼지로는
선중8책을 요도에게 보고.

실은 얼마전에 이타가키가 사쓰마와
동맹의 밀약을 맺고 왔는데…

…우리가 삿초와 함께
막부 토벌 전쟁에
나선다면—

으음;;

오로지 나라를 위해
막부를 치는 것이다!

어차피 이후 이 나라의 부와 권력은
도막 중심 세력인 삿초가 나눠 갖겠지.

퀘스트 보상이다!

. . . . .

도사에는 건더기나 조금 던져줄 거고.

그보다는 공의정체 건설의 중심에 서서
모두가 함께 타협하도록 중재에 나서는 편이
도사의 정치적 입지에 유리한 것이 아니겠나.

자, 자, 싸우지 말고
조금씩 양보하며
친하게 지냅시다~

그래! 보편 상식으로도
동포끼리의 미친 내전은
당연히 피해야 하는 것!

이 대정봉환안을
막부에 건의한다!!

도사 측은 대정봉환을
막부에 건의하기 전,
사쓰마 측에
익스큐즈를 구한다.

막부에 대정봉환을 건의해
받아들이게 만들면
전쟁을 피할 수 있겠죠?

어… 음… 뭐,
괜찮겠죠.

사쓰마가 도사의 방책에
ㅇㅋ한 이유는—

그 요시노부가 막부 폐업인
대정봉환안을 받을 리 없지.

그러면 우리는
막부의 대정봉환 거부에 대한
응징이라는 그럴듯한 대의명분으로
군사를 일으킬 수 있는 게야.

자, 그러면 사쓰마와 도사가 함께
교토에 군사를 이끌고 출병해
대정봉환안을 요시노부에게
들이밉시다!

어… 음…
뭐 그럽시다….

사쓰마의 역제안으로
사쓰마와 도사가
교토에 공동 출병하여
대정봉환안을
막부에 제출키로 했는데—

1867년 8월,
도사 번사에 의한
영국 수병
살해 사건 발생!

섬나라 놈들은
무례하구나!

ㅇㅇ.ㅇㅈ;

이에 따라 영국과의 갈등 고조.
도저히 교토에 군사를 상경시킬
여건이 안 되겠습니다;;

이를 핑계로 출병 취소.

삿토맹약 공동 출병은 무산되고,

도사는 단독으로 대정봉환안 건의를 추진.

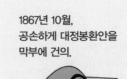

1867년 10월,
공손하게 대정봉환안을
막부에 건의.

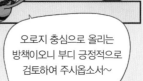

058

대정봉환이라…

교토 니조城

전쟁을 피하기 위해—

막부의 일본 통치권을
천황에게 반납한다라…

무슨 말도 안 되는 소리!
개 씨나락 까먹는
역적 드립이옵니다!

아니, 불리한 상황을
타개하기 위해 고려해
볼 만한 묘책입니다.

사실 조정에 대정봉환 한다고 해도,
조정이 나라를 다스릴
행정 시스템을 갖고 있겠습니까.

어차피 결국은 막부 시스템이
계속 나라를 굴리게 되어 있습니다.

어휴, 엑셀도 모르시면서
무슨 업무를 보시겠다고.
제가 알아서 할게요.

어; 음;;

그리고 저 건의안대로 상하원을 설치하고
번주들이 의원이 되어 천하공의를 논할 경우,
친막부파 번주들의 숫자가 더 많으니
도쿠가와家가 여전히 정치를 주도할 수 있습니다.

천하공의대로 다수결로
나라를 이끕니다만,
무슨 불만이라도?

그렇게 대정봉환을 통해
신체제에서도 막부 세력이 계속
살아남아 정치를 이끌어야죠.

탁상공론 망상적
낙관론일 뿐이요!

삿초가 그런 어정쩡한
타협에 만족할 놈들입니까?
무슨 수를 써서라도 결국
무력으로 권력을 탈취하려 들 놈들인데!

그리고 막부가 이리 쉽게 정권을 포기한다고 하면
에도의 막부 코어 충성파들이 쉽게 납득하겠습니까?!

어쩔 것인가…

뭣이라?!
대정봉환?!!

교토 교외
이와쿠라 저택

막부가
정권을 내놓기는 개뿔!!
대정봉환은 삿초의
거병 타이밍을 막으려는
개수작일 뿐이지요!!

뭐, 그리
대정봉환 해버리면
막부를 친다는 전쟁 명분이
바스라지긴 하지요.

안 돼!
대정봉환 수작이
벌어지기 전에
군사를 일으켜야 해요!!

에에;; 지금 삿초도
일단은 대정봉환 여부를
지켜보자는 입장일 텐데요;

지켜보긴 뭘 지켜봐!
전쟁 회피 술수에
말려들 뿐이지요!!

당장 군사를 일으키라는
천황의 칙령을 삿초에
보내도록 하죠!!

막부토벌
칙령
우선해 96일

천황의 칙령이요?!!?
그걸 지금 어떻게
받아냅니까?!?!

## PS. Paris EXPO 1867

이리 정세가 급박하게 돌아가던 1867년,
파리에서는 만국박람회를 성대하게 개최.

막부는 파리 엑스포 참가를 위해
요시노부의 동생을 단장으로
일본 대표단을 파견.

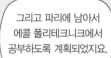

그리고 파리에 남아서
에콜 폴리테크니크에서
공부하도록 계획되었지요.

**수행 비서**
**시부사와 에이이치**(27세)

**도쿠가와 아키타케**(14세)

일본 전통 찻집을 재현해놓은 일본관에서는
게이샤와 광대들이 재주를 선보이며
관람객들의 큰 인기를 얻었는데,

오오!
일뽕 프랑스의
씨앗이 발아한다!!

사쓰마가 '사쓰마-류큐國'이라는 국호로 엑스포에 참가해
개설한 부스를 막부 측 인원이 발견.
실랑이가 벌어져 칼부림 직전까지 가기도.

와따시다찌와
류큐 사람이므니DA~!;;

미친 사쓰마 놈들이
파리까지 와서
글로벌하게 역적질을
벌이고 있어야?!!

일본인들 예능감
월클인데?

# 제 4 장

## 대정봉환

1867년 11월 9일.
막부 토벌의 밀칙(주작)이 가고시마와 야마구치에 도달.

천황께서 막부를
토벌하라십니다!

어; 음; 근데 이 칙서,
아무리 봐도
주작 같은데;;

아, 주작이든 수작이든
빨리 교토로 쳐들어가서
다 쓸어버리자고!!

요시노부가 교토에서
뭔 수작을 꾸미는지
일단 좀 살펴보고…

곧 쇼군 전하의
중대 발표가
있겠습니다.

1867년 11월 9일, 금일부로 막부의 국가 통치 대권을 조정에 반환할 것을 상주드렸습니다.

즉, 대정봉환입니다.

**大政奉還**

히이이이잉

WIS DOM 대정봉환. 막부 권력 반환

50분

이거 정말 역사적인 순간인데요. 어떻게 이런 깜짝 발표가 나오게 된 걸까요?

으어; 안 돼;;

WIS DOM 265년 막부 권세 종결?

사실 어제 니조城에서 이미 관련 회의가 있었거든요.

대정봉환 발표 하루 전,
11월 8일 교토 니조城

쇼군 전하
납시오~!

요시노부는
교토에 주재 중인
40개 번 중역들을 소집해
대정봉환에 대한
의견을 구한다.

자, 기탄없이
의견들 내보게.

막부 265년의 존폐에 대해
다이묘도 아닌 실무 급들이
어찌 쉽게 입에
올릴 수 있겠습니까;;

이에, 도사 번 참정
고토 쇼지로가
어렵게 아뢰기를

대정봉환은 천하 공의의
흐름에 합치할 뿐 아니라
무사 정권의 역사에
큰 영예로 남을 것입니다;;;;;

그리 말하면서
땀을 한 말 넘게
흘렸다고 한다.

결국 요시노부는
결심을 굳히고.

저으으은하!!!!!
265년 대업의 무게를
어찌 이리 쉽게 저버리실 수
있단 말이옵니까!!

265년의 무게는 단지 무게일 뿐.
과감히 벗어던지지 못한다면
이 쓰나미 속에서 그 무게와 함께
익사할 뿐이오.

통촉하여
주시옵소서!!

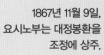

1867년 11월 9일,
요시노부는 대정봉환을
조정에 상주.

11월 10일, 조정 조의에서 인준.

도쿠가와 막부 265년이
이렇게?;;;

가마쿠라 막부로부터는
700여 년 만에 정권이
조정으로;;

크흙; 고토바 천황님,
고다이고 천황님,
보고 계십니까!

이로써 공식적으로는
막부와 쇼군의 통치가
종식된다.

大政奉還

대정봉환 소식에 일본 열도가 크게 진동.

막부가 이렇게 문을 닫는다고?!

천하가 이리 쉽게 뒤집혀?!

─라곤 하지만 사실 좀더 들여다보면 대정봉환은 일종의 기만이었다고도 볼 수 있지요.

대정봉환이라고는 하지만 일단은 막부 행정 조직이 계속 나라를 운영하도록 할 수밖에 없으니.

옛다~ 다시 가져가라~

예견된 바와 같이, 행정 하드웨어도 소프트웨어도 전무한 조정이 당장 나라를 다스리려 나서는 건 불가능한 일이었고.

엑셀, 워드부터 배워오세요.

관백 니조 나리유키의 조정은
요시노부 품에
푹 안긴 親막부 조정.

자, 이제 앞으로
제 계획대로 따라와
주십시오.

ㅇㅇ;

사실상 막부가
컨트롤하는 조정이
막부에 다시 국가 통치를
위임하는 모양새가
나오게 되는 것.

(계속 나라를
이끌어달라고
말해요)

계속 나라를
이끌어주시오.

성은이
망극하옵니다~

외교에 있어서도
지금까지와 마찬가지로
막부 조직이 일본을 대표해
계속 외국을 상대하도록 한다.

정권 바뀜?

ㄴㄴ, 간판만 조금 손본 거니까
걱정마시고, 계속 나 님이
응대해드립니다.

그리고 막부 시스템을 대체할
새로운 정부 조직 구성에 대해
요시노부에게 전권을 위임.

제후회의를 주도해
새 시스템을
만들도록 하시오.

명 받들겠사옵니다~

이런 막부 친화적 대정봉환에
삿초는 크게 반발.

이런 식으로 조정에
정권 바치는 시늉을 하는 건
가마쿠라 막부에서도
무로마치 막부에서도
몇 번 있었던 기만책!

이 무슨 무늬만
대정봉환이냐!

삿초의
거병을 막으려는
얕은 수작일 뿐이다!

이건 마치
오스트리아가
신성로마제국을
주도하다가ㅡ

신성로마제국 황제

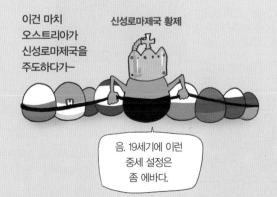

음. 19세기에 이런
중세 설정은
좀 에바다.

독일연방으로 리뉴얼하고 여전히 대장 노릇하는 것을 벤치마킹한 것 아닌가!?

독일연방 의장

이제 좀 근대적이네.ㅎ

저런 두리뭉실 가짜 나라는 결국 프로이센세께서 참교육 해주셨제!

도쿠가와 막부 시즌2를 이어가려는 얕은 속셈. 철저히 분쇄해주마!

거병이다! 전쟁 아니고선 답이 없다!!

그 와중에 교토의 간장 가게 오미야에 투숙 중인 사카모토 료마는—

크핫! 대정봉환 이후의 신정부 구상도 이몸이 제시해드립니다~!

선중8책을 퇴고해 가다듬은 신정부강령8책을 작성한다.

근데 이 8책의 정부 구상에서
국가 의정소 상원을 지역별 번주들이
맡고 각 번정의 지방 자치가 유지되는데
이러면 근대 중앙집권 국가가 아니라
예전처럼 중세 봉건 연방이잖아?

육원대 대장
**나카오카 신타로**

원, 강력한
중앙집권만이
근대적인 건 아니지.

요즘에는 데모크라시도
근대국가의 주요 요소라는데,

강력한 중앙정부가 지방의
고유한 권리를 묵살하고
나라 전체를 위에서 아래로만
다스리는 모양새는 데모크라시에
어울리지 않아.

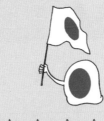

지크 하일!!
제국 일본!!

나라가 지방의 권리와 자치를 인정하는 부분에서
점차 아래로 개인의 권리와 자유를 인정하는 부분까지
데모크라시를 확대해나가는 것이 근대의 최신 트렌드라지.

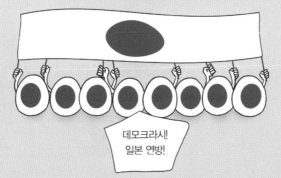

데모크라시!
일본 연방!

뭐, 그건 그렇다 치고,
이 8책의 말미에 덧붙인 PS-

'○○○이 맹주로서 제후회의를
주도해 신정부를 조직한다'-에서
○○○이 누구지?

제가 일본 연방
초대 대통령입니다~

뭐, 지금으로선 요시노부가
맹주 역할을
맡아야 하지 않겠남?

삿초가 절대
안 받아들일 걸.

음?

아, 치킨 시킨 거
왔나?

뚜엉!

1867년 12월 10일,
일군의 자객들이 오미야를 습격.
사카모토 료마와 나카오카 신타로 암살.

범인은 대정봉환에 불만을 품은
막부 코어 충성파 조직인
미마와리구미라고도 하고.

요시노부를 중심으로 하는
공의정체를 주장하는
료마의 신정부안을 경계한
삿초 측에서
미마와리구미에 료마의
소재를 흘렸다고도 하고.

# MEANWHILE

대정봉환 이후 일련의 칼부림들로 어수선한 교토에
12월 말, 신정부 구성 제후회의를 위해 사쓰마 번 등
5개 번 지도자들이 병력을 이끌고 상경.

후, 이놈의 제후회의,
이젠 좀 지겹다….

사쓰마 놈들이 병력을
몇 천 단위로 끌고 올라왔는데
좀 통제하고 경계해야
하지 않을까요?

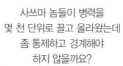

교토 수호 아이즈 번주
마쓰다이라 가타모리

일단 내비두시오.
저것들 어떻게든 전쟁 일으키려고
꼬투리를 노리고 있으니
충돌의 빌미를 주면 안 돼.

그리고 1868년
새해 정초와 함께…

이제, 루비콘강을
건널 타이밍이로군요.

Finally!

ㅇㅇ.
모시러 사람
보내겠습니다.

1868년 1월 3일 새벽,
사쓰마와 디카 번병 수천,
황궁으로 이동.

에그머니나;
또 무슨 난리가;;

서벅 서벅
서벅서벅

이 나라에서는 정변이 일어날 때
눈이 내리곤 한다지요.

이 새해 1868년은
일본 역사의 BC와 AD를 가르는
분기점이 될 것입니다.

# 제 5 장

# 왕정복고의
# 대호령

1868년 1월 3일(음력 12월 9일) 새벽.
사쓰마, 도사, 히로시마, 에치젠, 오와리 5개 번 병력이
황궁을 점거.

관백 나리유키와 아사히코 친왕 등
친막부파 공경들의 입궁이 봉쇄되고.

5개 번 대표들과 이와쿠라를 필두로
반막부파 공경들이 입궁.

어전회의가 열리고,
이와쿠라가 작성한 〈왕정복고의 대호령〉이
메이지 천황의 명의로 발표된다.

王政復古의 大号令!

진무 천황 이래로 어쩌고저쩌고,
천황께서는 국난 극복을 위해 저쩌고어쩌고,
공가, 무가, 농공상 백성 모두 구별 없이
우리들의 단결과 인내와 용기와 전진을 요구하고
어쩌고저쩌고 천황 폐하 만세!!

각설하고 주요 내용은—

▣ 관백, 섭정 등의 옛 관제를 폐지!

친막부파 고위 귀족들의
권세를 싹 쓸어버림.

후지와라 이래
관백 천년의 직함이
내 대에서 끝나는구나!!

**▣ 총재–의정–참여 3직의 신정부 체제 수립!**

이것이 최고혁명위원회다!

**총재**

아리스가와노미야 다루히토 친왕
(가즈노미야의 前약혼자)

**의정**

황족, 고위 공경 5인과 다섯 번 대표 5인.

시쓰마 번주
시마즈 다다요시
〈히사미쓰 아들래미

에치젠 번주
마쓰다이라 슌가쿠

오와리 번주
마쓰다이라 요시카쓰

히로시마 번주
아사노 나가코토
〈1차 조슈 정벌 지휘관이었지만 반막부로 돌아섬

前도사 번주
야마우치 요도

**참여**

일반 공경 5인과 다섯 번에서 3명씩.

유신 핵심 인사들이 거진 이 그룹에 들죠.

제일 중요한 것! 막부 완전 해체!
쇼군의 내대신 등의 직함 다 반납,
도쿠가 가문의 영지도 다
반납할 것!

辞官納地
사관납지- 관직과 영지 반납

땅을
다 내놓으라굽쇼?!!

이 왕정복고 대호령에 대해
막부 측은 당연히 불인정.

이런, 미친 쿠데타 역적 놈들이
대놓고 한판 붙자는 거군요?!

교토 니조城

이번에 새로 사온 신형 총포들로
반란군 놈들을
한 큐에 쓸어버립죠!

ㄴㄴ;
무력 충돌은
곤란하네;;

교토 수호 아이즈 번주
**마쓰다이라 가타모리**

놈들은 천황을 품에 끼고,
황궁을 거점 삼고 있다.
그 황궁을 향해 총구를 겨누며 싸움을
벌이면 우리가 역적되는겨;

천하의 지지를 얻을 수
없는 싸움이야;;

일단은 충돌을 피해 잠시
오사카로 내려가 있자고.

쳇, 쫄보
쇼군.

그래, 솔직히 붙어서
확실히 이길 자신도 없고…

오사카에서
싸움 받아주지 않고
뭉개고 있으면 결국
시간이 우리 편이 돼줄 것이야.

정말로 전쟁을 일으켜 도쿠가와를
멸하고자 하는 놈들은 저 무리
중에 극히 일부일 뿐이거든.

과연, 쿠데타 첫날부터
다른 목소리가
터져나왔으니—

사관납지라니, 이건 뭐
도쿠가와랑 무조건 전쟁 한판
떠야겠다는 소리요?!

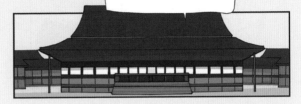

나 님과 다른 공의정체파 번들이
거사에 참여한 건, 막부 시즌2 대신
공의정체 체제를 속히 수립하기 위함이었지,

도쿠가와 전쟁을 벌이기 위함이
아니었소이다!!

공의정체를 위한 대정봉환을 막부에 건의했던
도사 번의 야마우치 요도가 이와쿠라의 도막 노선에 크게 반발.

천하의 절반, 도쿠가와 세력도 당연히
공의정체에 참여케 하여 함께 정치를 해야지!
이를 무조건 적으로 몰려고 들다니!

그리 전쟁으로 모든 권력을 독점하려는 건!
어린 임금을 끼고 천하를 훔치려는
야심가들의 쿠데타일 뿐 아니오?!

어허; 요도 공! 많이 취하셨습니다!
이름값 하느라 입에서
오줌이 새어나오십니까?!

첫날 요도의 반발은
사이고의 위협으로
억눌렀지만–

됐고,
이 단도 한 자루면
해결됩니다.

헉쓰; 식겁;;;

시간이 지나면서
교토에 주재 중인
여러 번사들 사이에서
쿠데타군의 황궁 철병을
요구하는 여론이
높아지고.

으으음;;;

거, 언제까지 살벌하게 병력을
황궁에 주둔시키려는 겁니까?

이제 그만 철병하시죠?

우리랑 말 통하는 유일한 합법 정부는 요시노부 공의 막부뿐이죠!

땡큐~!

1월 10일에는 영국, 프랑스 등의 서양 공사들이 오사카 성의 요시노부를 접견, 막부 지지를 표명한다.

So, 쿠데타 2주차에 접어들면서 3직 회의 내에 공의정체파가 대다수를 차지하게 되고.

끄응…

유치한 협박은 집어치우시고, 다수결로 합시다.

이에 1월 16일, 신정부는 요시노부 측에 유화적 협상안을 건네게 된다.

요시노부 공도 신정부의 의정직을 맡아 정치에 참여하시도록 하고, 사관납지 대신 토지 조사 사업으로, 막부 조직도 계속 유지하고~

흐흠~

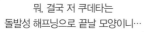
뭐, 결국 저 쿠데타는
돌발성 해프닝으로 끝날 모양이니…

슬슬 대호령의 철회를 요구하고
이와쿠라의 신병을 넘겨받는 걸로
얘기를 해보심이~

으어, 이대로 가다가는
결국 거사 실패하고
다 목 날아가게
생겼는데요;;

국면을 휘깍 뒤집어
전쟁으로 끌고갈
방책이 있습니다!

어떤?!

요시노부의 아킬레스건은 에도의 막부 코어 지지층입니다.
막부의 코어는 예전부터 계속 난키파로,
요시노부의 쇼군 취임을 반대했었고,
대정봉환 강행에 대해 불만이 팽배해 있죠.

거, 일 좀
제대로 하쇼!

요시노부가
막부 팔아
넘기는갑다!

지도력 유지를 위해 요시노부는 에도의
눈치를 살피지 않을 수 없습니다.

So, 막부의 불알인 에도를 걷어차면 어떻게 될까요?!

아, 모시모시~ 에도 사쓰마 번저죠?

사이고는 에도의 사쓰마 번저에 지령을 내린다.

아, 예. 사이고 사마!

예?

뭐래?

에도는 불타고 있는가?

사이고의 지령을 받은 사쓰마 번사들은 에도 시내에서의 테러 공작에 돌입.

이 물가만 더럽게 비싼 도시, 언제나 맘에 안 들었어!

1월 17일, 에도 성에 방화, 니노마루를 태워버린다.

시내 여기저기에서
방화와 총기 난사가 이어지고.

빡친 막부 측은 쇼나이 번과
가미노야마 번사들을 동원.

1월 19일, 에도의 사쓰마 번저 전소.

크햇!! 막부 놈들이
미끼를 콱
물어부렀에!!

미끼라기보다는 그냥
대놓고 싸다구 갈긴 느낌이지만;
아무튼 이걸로 전쟁이다!

으으음;
결국 한판 싸움은
피할 수 없는 건가;;

당장 선전포고 하지
않으면 에도에서
먼저 폭동이
날 기세입니다;

1월 25일, 요시노부는
사쓰마 징토의 표를 선포.

군사를 일으켜 사쓰마의 죄를 묻고
교토의 역적들을 쓸어버리도록 한다!

반자이!!

1868년(무진년), 전쟁의 막이 오르게 된다.

# MEANWHILE

에도에 있던 사쓰마 인원들은
사쓰마 번저가 불탈 때 재빨리 도주.

사쓰마 수송선
쇼오마루를 타고
에도를 탈출한다.

이를 막부 해군 최대 함선
가이오마루가 추격.

해군 두병 에노모토 다케아키

쇼오마루는 연료와 아군을 찾아
효고항으로 들어가고,

효고에서 사쓰마 군함
가스가마루와 합류한다.

1월 28일 새벽, 기탄 해협을 통해 빠져나가려는
사쓰마 함선들을 향해 가이오마루가 사격 개시, 아와 해전 발발.

1000톤급 외륜선인
가스가마루는

2600톤급 최신식 프리깃
가이오마루의 상대가 될 수 없었고.

현질 차이
더럽네!!

수송선인 쇼오마루는
곧 기관 정지로 좌초.
사쓰마 번사들은
배를 불태우고
뭍으로 도망친다.

그래도 여기까지
온 것만 해도 다행이다;

쇼오마루가 시선을 끄는 동안
가스가마루는 별 피해 없이
기탄 해협을 돌파해 도주할 수 있었다.

비와湖

京

히메지

비젠

고베

오사카

나라

사카이

아와지 섬

시코쿠

외륜선 주제에
꽤 빠른데?!

두고 보자~!

휴; 살았다;

…언젠가는 제대로 된 전함, 제대로 된 함포로 제대로 된 해전을 해보이겠어.

도고 헤이하치로(20세)

유럽에서 진짜 해군 교육을 받고 온 나 님에게 시골 해적 놈들 따위가 어찌 비벼보려고−

나으리! 교토 방면에서 급보입니다!!

아, 그러고 보니 육지에서도 전투가?

교토로 가던 우리 군을 적이 막아서고−

결과는?

# 굽씨의 오만잡상

에도 막부 시작과 함께 정권의 중심이 될 에도 성 증축 공사를 시작. 33년에 걸친 공사 끝에 1637년, 일본 사상 최대의 거성이 완성됩니다. 에도의 주요 시설들을 안에 품은 외성의 둘레는 15.7km(서울 성곽의 길이는 18.6km로 좀 더 길지요). 그리고 내성의 거대한 해자와 성벽의 길이는 7.85km, 쇼군의 궁성이라 할 택지 면적은 180만㎡로, 동양 3국의 궁성 중 최대 규모였다고 합니다. 그리고 에도성 46개의 누각들 중 가장 큰 누각인 천수각은 높이 65m의 거탑이었지요.

하지만 그 위용은 불과 20년짜리에 불과한 것이었으니, 1657년의 메이레키 대화재로 천수각을 비롯한 에도 성 시설의 상당 부분이 잿더미가 되어버렸던 것입니다. 이후 곧 성의 재건이 이루어졌지만 천수각은 결국 재건되지 못했습니다. 막부의 중신들이 천수각 재건 여부를 논하면서, 화려한 천수각이 사실 일본 성 건축 양식에 견주면 근본 없는 장식물에 불과하다는 의견이 나왔기 때문이라고도 합니다만, 결국 예산 문제 때문에 재건하지 못한 게지요.

이후에도 에도 성은 온갖 화재와 지진 등으로 계속 고통받아왔고, 본편에서처럼 불한당들의 방화를 겪기도 했지요. 메이지유신을 거치면서는 성의 상당 부분이 해체되었고, 20세기 들어서도 관동대지진 등을 겪으며 계속 그 모습을 잃어갔습니다. 그리고 에도 성에 마지막 결정타를 먹인 것은 다들 아시다시피 B-29 편대의 소이탄 세례였지요.

결국 오늘날 도쿄의 황거에서 돌덩어리들과 몇몇 문들 외에 옛 에도 성의 화려한 모습을 찾아보기는 어려운 일이 되었습니다. 하지만 일각에서는 에도 성 천수각 복원을 추진하는 움직임도 있다 하니 혹시 모를 기대를 가져봅니다.

# 무진전쟁의
# 시작-
# 도바·후시미
# 전투

1868년 1월 27일.

막부군 1만 5천이 오사카에서
교토를 향해 진군해 올라온다.

이에 신정부는 서일본 여러 번에
교토 방위 병력 차출을 명하지만

오무라 번만이 명에 응해
50명의 병력을 파견한다.

오오! 막부 타도!
천황 폐하 만세!!

조슈 병력은 아직 교토에 도착하지 못해
소수의 선발대만이 합류했고,

걸어가려니 너무
오래 걸린다;;

도사 병력은 번주의
반대로 동원되지 못했다.

아니, 지금 여기서 막부군을
때려부숴야 뭐가 되도
되는 거라니까요?!

시마즈와 도쿠가와의
사사로운 다툼에
개입할 필요 없다.

**이타가키 다이스케**

So,
신정부 측 교토 방위 병력은
사쓰마 병력 3천을 주력으로
기타 잡병들을 합쳐
약 4~5천.

이 정예 병력 3천이면 천하를
엎어버리기에 충분합니다!

막부군이
진군해 오는
도바 가도와
후시미 가도,
양 루트에 신정부군
방어 병력 배치.

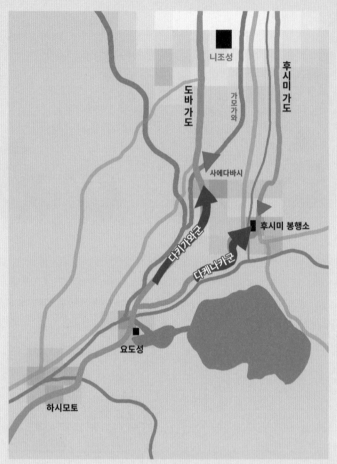

도바 방면의 막부군은
가모가와를 건너기 전,
사에다바시(다리) 옆에서
사쓰마군의 저지에 맞닥뜨린다.

사쓰마군 군감
**시이하라 고야타**

에에잇! 대군의 위세로 떳떳하게 지나간다!

감히 막아설 배짱이 있겠느냐!!

대군은 배때지에 총알 안 박힌다냐?

사격 개시!!!

1868년(무진년) 1월 27일 오후 5시, 무진전쟁의 첫 총성이 울린다.

TA TA TA TA TA TA

장전도 안 한 빈총을 들고 지나가려던 막부군 선봉은 일거에 붕괴.

으엌! 실탄이여?!

요란한 포화에 막부군 사령관 다키가와의 말이 놀라 날뛰고.

도망가는 말 등자에
발이 걸린 채
다키가와는 전장을
이탈하게 된다.

대혼란 속에서도 뒤따르던 구와나 번병이
대포를 끌고와 반격을 시도.
야간까지 총격전이 이어진다.

하지만 사쓰마군의 포탄이
막부군 대포를 직격, 폭발.

결국 밤 늦게 도바 방면군은 시모도바로 퇴각

제6장_ 무진전쟁의 시작—도바·후시미 전투

Meanwhile, 후시미 방면에서는
27일 낮에 다케나카군이 관청인
후시미 봉행소로 진입.

도바 쪽에서
대포 소리가
들리는데?

전투가 시작된 모양이니,
빨리 진격해야 합니다.

하지만 후시미 봉행소 주변 골목골목을
800명의 사쓰마군이 봉쇄.

나오면 쏜다!

으어;
나갈 수가 없다;;

봉쇄를 깨기 위해
신센구미 대원들이
발도 돌격을 감행.

하지만 사쓰마군의 총격에 막혀
다시 기어들어온다.

저녁 8시, 사쓰마군의 포탄이
봉행소 탄약고에 명중. 폭발.

이어서 사쓰마병들이 근처 민가에 불을 놓으면서
화공을 이어가니 봉행소는 점차 불타 무너져가고.

막부군은 버티지 못하고
개천 너머로 퇴각.
도바와 후시미
양 방면에서 모두 패주한다.

신센구미 놈들!
교토는
빠삭하다매?!

유흥 안내라면
자신 있는데 말이죠;

Meanwhile,
1월 27일, 오사카 방면뿐 아니라 이가 방면에서도
교토를 향해 1~2천여 명의 막부군이 진군하고 있었는데,

서프라이즈
뒤치기다!

진군로상의 오쓰 마을에 예의
그 오무라 번병 50명이 들어와 있었고.

헉;;

헉?!

으어; 오사카 방면으로 全병력 다 몰려간 교토에 막부군이 빈집 털이 들어왔으면 신정부는 한 방에 다 잡혔을수도;

이에 이미 루트가 막혔다고 생각한 이가 방면 막부군은 교토 진군을 포기하고 오사카로 향한다.

뭐, 그럴 수 있었을지도 아닐지도 모른다는 거지…

전투 둘째 날.
1월 28일.

도바 방면군은 시모도바에서 대치,

후시미 방면군은 개천을 사이에 두고 신정부군과 대치.

니조성

가모가와

도바가도

후시미가도

사에다바시

시모도바

후시미 봉행소

요도성

후시미 방면을 지휘해야 할 다케나카는 지원 병력을 데려오겠다며 후방 사령부로 떠나 모습을 보이지 않는다.

버티고 있어라~

도바 방면에서도
지휘관 사쿠마 노부히사가
전사하며 다시 패주.

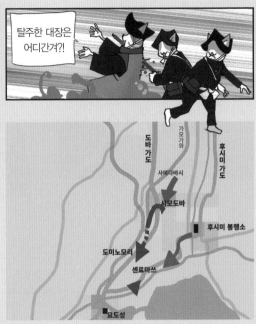

전투 셋째 날, 1월 29일.

올크

도요토미 히데요시가
심었다는 천냥송이
굽어보는 가운데,
센료마쓰에서 신센구미
인원 14명 전사.

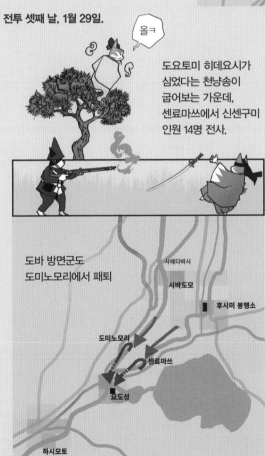

도바 방면군도
도미노모리에서 패퇴

후퇴를 거듭한
도바 방면군과 후시미 방면군은
요도에서 합류하게 된다.

저희 번주 님 에도에 계시니까,
에도에 사람 보내서
어떻게 할지 여쭤볼게요.

크앗@!#$%!
이 오줌 구멍 놈들!

BUT, 요도 번정은
성문을 걸어 잠그고
막부군 입성을 거절.

후시미 봉행소

결국 막부군은
하시모토로 퇴각.

야마자키
다카하마 포대
요도성

하시모토

전투 넷째 날.
1월 30일.

이곳 하시모토에서라면
좌안의 다카하마 포대를 탱커 삼아
능히 적을 막을 수 있을 것이다.

교토 방위를 위해
건설된 다카하마 포대는
쓰 번병이 지키고 있었는데—

후시미 봉행소

야마자키
다카하마 포대
요도성

하시모토

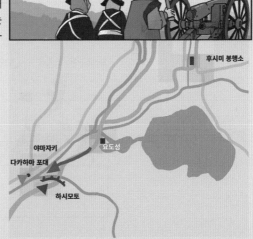

전투가 시작되자, 쓰 번병은 바로 배신. 막부군을 향해 포격을 개시한다.

동시에 신정부군도 동쪽에서 총공격.

막부군은 최종적으로 패배.

이로써 무진전쟁의 서막,
도바·후시미 전투는
신정부군의 승리로!

반자이~!!

엄밀히 말하자면
사쓰마의 승리지요!

전반 5분에 이미 3골 넣고 시작하니
남은 시간이 좀 김새겠는데요~

아니, 대체 어떻게
5천 신정부군이
1만 5천 막부군을 저리
쉽게 아작낸 걸까요?

아니, 뭐, 사실 병력은
동원된 게 그렇다는 거고,
전투 접면에서 실제로
싸운 규모는 그리
크지 않죠.

전사자는 신정부군 110명,
막부군 280명 정도니까.

사쓰마군이
후장식 소총을 사용해서
이긴 걸까요?

아니, 사실 당시 사쓰마군도
후장식 소총인 스나이더 총을
열 몇 자루 이상
갖추진 못했음요.

실제로는 양군 공히 전장식
미니에 총이 주력이었지요.

다만 사쓰마병이 산병전에서 병사 개개인의
조준사격 훈련이 잘 되어 있었던지라,
시가전 상황에서의 총격전에 큰 이점이 있었다고.

멀가중~
멀가중~

그리고 사쓰마병 3천 명은 거의 대부분이
동향 하급 사무라이라는 균질 인원으로
조직력이 그야말로 한 몸과 같다.

그에 비해 막부군의 조직력은 어중이떠중이 긁어모은 콩가루 그 자체.

저 천한 것들을 데리고 어찌 전쟁을…

신분 낮은 병사는 지휘관인 사무라이에게 말 거는 것도 금지되어 있다.

우리 소대장 죽으면 칼은 내가 띰.

팬티는 내 꺼다.

뭣보다, 대세의 흐름이 이쪽에 있다는 확신에서 오는 사기와 기세가 어쩐지 엘랑 비탈.

일군만민! 우리가 관군이다!

그 반대의 경우에는 불안과 패배주의.

막부 망한다는 건 이미 대세인가;;

아무튼 1월 30일,
패전보가 오사카城에 당도.

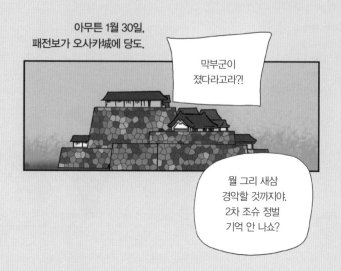

막부군이
졌다라고라?!

뭘 그리 새삼
경악할 것까지야.
2차 조슈 정벌
기억 안 나쇼?

이리 된 이상
오사카 성을
베개 삼는 각오로
일전을 벌입시다!

적이
오사카를 향해
몰려온답니다!!

무리 ㄴㄴ!!

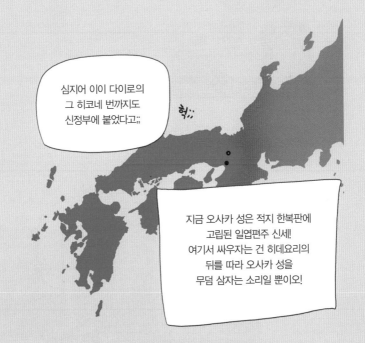

# 제 7 장

# 나니와의 꿈

도바·후시미 전투 소식이
全일본을 진동시키고

이제 진짜로 천하가
엎어지려나보다!

조슈군도 순조롭게
신정부군에
합류한 가운데—

대승을
감축드립니다!

뭐, 그냥
꿍승일 뿐~

조슈군 선발대 지휘관
**야마다 아키요시**(24세)

전투 직후, 서일본 대부분의 번들이
신정부에 합류한다.

1월 31일, 신정부는
막부를 조적으로 선포하고
요시노부 토벌령을 발령.

이와 함께 관군 총사령관인
해육군대총독에 사쓰마 번주
시마즈 다다요시가 임명된다.

이 말인즉슨. 우리 시마즈 가문에 全일본의 무력 통수권이 맡겨졌다는 뜻!

이제까지 쇼군이 정이대장군의 직함으로 전국 사무라이들을 지휘하며 천하를 손에 쥔 것처럼!

將軍 = 武 = 總督

이제 시마즈 가문이 총독의 직함으로 전국의 무사들을 지휘하며 천하를 손에 쥘 것이다!

**시마즈 막부 Begins려냐!!!**

─라는 헛소리가 안 나오도록 총독 직위 반납합니다.

다다요시는 임명 하루만에 총독 직위 사임.

뭔 짓거리여?! 당첨된 로또를 버리다니?! 늦은 반항기냐?!

아버지;; 저 이제 스물여덟 살이거든요…

이 천하대란으로 만들어질 새 세상은
사무라이니 막부니 하는 구체제와는
전혀 다른 근대 신체제가 돼야 합니다.
아버지도 새 시대 공부 좀 하셔야겠어요.

번주 님,
영민하십니다~

하여, 관군 총사령관은 천황의 양숙부인
고마쓰노미야 아키히토 친왕이 맡게 된다.

크악!! 죽 써줘
개 주는구나!!

이처럼 각 진군로의 총독들은
관군의 위엄을 위해 황족, 귀족들로
바지 사장을 세우지만,

실제로 군을 지휘하는 건
총참모장인 나 님, 사이고지요!

## MEANWHILE

오사카에서는 에노모토가 오사카 성의
인원과 자금을 챙겨 함선에 싣고 철수.

하루 후인 2월 2일,
조슈군이 오사카로 진입.

하지만
오사카城에 남아 있던
항전파 막부 무사들은
항복을 거부하고—

성의 화약고에 불을 놓아 자폭.

이와 달리 오사카 시민들은
신정부군에 얌전하게 공순.

오사카 상인들은 300만 냥의 헌납금으로
신정부에 대한 충성을 표한다.

이 같은 상인 계층의 자금 지원은
신정부의 초기 자금난을 해결하고
전쟁을 승리로 이끄는 데 크게 기여한다.

이에 감명받은
오쿠보 도시미치는
오사카 천도론을
주장하기도.

이 쩌는 상업 도시 오사카야말로
자본주의 국가의 새 수도로
가장 적합한 곳 아닐까요?!

뭐, 그런 한가한 얘기 전에
반드시 짚고 넘어가야 하는
난제가 아직 남았으니~

신정부를 승인하지 않은
서양 열강들과의 관계 정립 퀘스트!

남의 집안 싸움에는
관심 없는 척~

흠- 흠- ;

표면상 서양 열강은
아직 舊막부만을 일본의 유일한
합법 정부로 인정하고 있지만…

쟤들 저거 서양인 썰고 다니던
존양지사 탈레반 정권입니다요~

신정부

어; 음;;

곧 서양과의 교섭 껀수가 생겨났으니—

1868년 2월 4일, 고베에 진주한
신정부군 비젠 번병들의 행군 도중—

행군 중이니
이쪽 길로 오지마!

빠흐동?

행렬을 가로지르려는 프랑스 수병 2명과 시비가 붙어서—

3포대장 다키 젠사부로가
이들을 창으로 밀쳐내는 과정에서
프랑스 수병들에게 경상을 입히고.

아 좀
꺼지라고!

으악!!
미친 랜서다!!

프랑스 수병들이 권총을 빼들자

으어;

강화도에서
발렸다고 무시하나?!

비젠 번병들은 프랑스 수병들이 위치한
외국인 거류지를 향해 위협사격.

TA
TA
TA
TA
TA
TA

신정부는 막부보다
좀 건방진 듯?

으어;;;

이에 열강은
효고항을 봉쇄하고
해병대를 상륙시킨다.

어, 그러니까 일단
우리 신정부를 정식 외교 교섭
상대로 인정한단 말이죠?

이에 신정부는
귀족 히가시쿠제 미치토미를
교섭 대표로 보내고,
실질적인 실무 교섭은
조슈에서 파견한
이토 히로부미가 맡게 된다.

○○, 뭐 알겠으니까,
책임자 처벌이나
세대로 해주쇼.

So,
다키 젠사부로에게
할복령이 내려진다.

너 님 배를 따야
신정부의 외교가 풀림.

@!#$;

이 교섭으로 열강은
일본의 내전 상태하에
신정부를 舊막부와
대등한 교전단체로 인정.
양측 사이에서
중립을 지킨다는
방침을 약조한다.

잇힝~!

크앜!
반란군을 인정하는
국제법도 있소이까?!

ㅇㅇ. 있음.

신분은 미천하지만
아주 똑똑한 친구더라고.
런던 칼리지에서
공부했다던데.

ㅎㅎ
예, 뭐;

PS.
고베 사건에서의 활약으로
이토 히로부미는
외교통으로서
출세가도를 달리게 된다.

겨울 동안 이리 열번의 세를 모으고
외교적 입지도 다져놓았으니,
이제 새봄과 함께 에도로 진군이다!!

에도 장어 덮밥
이제 다 뒤졌다.
ㅋㅋㅋ

## MEANWHILE

쇼군 RUN을 맞이한 에도城에서는—

으어어어어어어어어어

요시노부 공의 쇼군 취임 후
첫 에도 성 입성이
오사카에서
도망쳐 온 거라니!!!

막부가
망하려나보다!!

에도城 최후의 날이
다가왔는가!!

全에도가
경악하는 가운데
요시노부는
셀프 칩거 모드.

역시 요시노부가
트로이 목마였다!

쇼군 RUN!!

탈주 쇼군!!

…내가 할 만큼
했다는 거,

이에야스 할배께서는
이해해주시겠지…

이해는 개뿔이 언더스탠드냐?!
대체 어떻게 똥을 싸면
이 따위로 천하를
말아먹는다냐?!!!

까고 있네!!!!

꼬악~!

## 1. 전투력의 열세

뭘 어떻게 하고 자시고 간에 결국 무력으로 승부를 결정짓게 되는데,
막부군으로는 뭔 GR을 해도 적을 이길 수가 없습니다;;

## 2. 막부의 분열상

So, 어떻게든 전쟁은 피하고 정략으로 맞서야 할 것인데,

마음속으로는 히토쓰바시 쇼군을 인정하지 않는 난키파 중신들이 막부의 코어를 장악하고 무리한 전쟁으로 떠밀고 있습니다.

· · · · ·

거, 쇼군이면 쇼군답게 전쟁으로 위엄을 보이십쇼!

저 수작질을 계속 등 뒤에 두고, 모든 책임을 떠안으며 싸우고 싶겠습니까?!

우왁!! 쇼군이 RUN이라니!! 부끄러운 줄 아쇼!

족구해라! 시부R 난키파 놈들아!!

## 3. 미토학 이상의 좌절

그리고 평생 미토학도로서 임금에 대한 忠을 이념 삼아 살아왔는데─

나 님이 임금을 모시고 나라를 잘 이끄는 것이 진정한 忠!!

그 이념적 기반과 당위를 근본부터
부정당하고 모든 명분을 뺏겼으니,
대체 뭘 더 어떻게
싸워나갈 수 있겠습니까;

응, 아냐.
너 역적.

딱

## 4. 열강의 개입 우려

내전이 장기화될 경우,
외세를 끌어들이고자 하는
유혹이 어찌 없겠습니까;

으어; 지친다;

서양 형님들을
언제든 불러만
달라고!!

실제로 프랑스 공사가 찾아와
지원 의사를 피력하기도 했지요.

ㅎㅎ, 언제든 문자 한 통이면
바로 동양 함대로 관서를
초토화시키겠습니다~

· · · · · ·

강화도 사례 보면
신뢰성이 별로···

알량한 권좌를 위해
외세를 끌어들인
군주로 역사에
남을 수는 없지요.

# 굽씨의 오만잡상

무진전쟁 이후 도쿠가와 요시노부는 정치에 일절 관심을 끊은 채, 시즈오카에서 은거하게 됩니다.

정부로부터 두둑한 연금을 제공받는 은퇴자의 삶은 실로 힐링 라이프. 사냥과 낚시, 바둑으로 세월을 보내고, 예전부터 흥미를 가졌던 사진을 취미 삼았다고 합니다. 자전거도 배워서, 시즈오카 사람들은 전 쇼군이 자전거를 타고 둑방 길을 돌아다니는 광경을 볼 수 있었다지요.

메이지 정부로부터 공작 작위를 받고 1902년에는 귀족원 의원으로서 의회에 등원하기도 하지요. 하지만 되도록 사람 만나는 일을 꺼려, 옛 막신들의 곤궁을 외면한다는 비난을 받기도 합니다(비난받을 만도 한 것이, 좌막의 기치 아래 수많은 사람들이 죽어나가고 신세를 망쳤는데 마지막 쇼군이라는 사람은 저리 유유자적하고 있으니 화딱지가 나겠지요).

그리 적막하고 느긋한 삶 끝에 1913년 77세의 나이로 영면.

참으로 길고 평안한 에필로그를 살았다 하겠습니다.

# 제 8 장

# Edo Open

1868년 2월,
신정부 동정군 출정!

에도를 칩니다!
역적 요시노부와
그 일당의 목을 칩니다!

아리스가와노미야 다루히토 친왕을
동정군 총독으로−

에도에 가면 가즈노미야를
뵐 수 있겠군

(실질적 지휘관은 참모장인 사이고)

3로 3군으로
일본 중부를 휩쓸며
진군해나간다.

호쿠리쿠도(북육도)

도산도
(동산도)

에도

도카이도(동해도)

京

그중 도산도軍 총독에
이와쿠라는 자기 아들내미를
낙하산으로 꽂음.

어차피 바지 사장이니
상관없잖아요?

도산도軍 실질
지휘관은 참모장인
이타가키 다이스케.

**이와쿠라 도모사다(16세)**

신정부軍의 진공을 앞두고,
에도 성에서는
항전파와 협상파의
쟁론이 이어지고.

삿초 놈들이
쳐들어온댄다!!

에도 성 비상
방위체제 가동!

포탄 날아들기 전에
협상합시다, 협상.

뭔 협상?
저놈들 요구대로
쇼군 목 따다 바칠 거임?!

아니, 목이
안 따이도록
협상해야지요!

싸우면
질 텐데;

**협상파
가쓰 가이슈**

구차한 협상은
역사에 수치를
남길 뿐!

**항전파
오구리 다다마사**

함선을 보내 함포사격으로
도카이도와 서쪽 항구를
모두 초토화시켜 적의 보급을
끊는다면 어찌 승산이 없겠는가!

만약 진다고 하더라도,
화끈하게 에도 공방전을 벌여서
콘스탄티노플의 최후같이
장엄한 피날레를 역사에 남긴다면
그 또한 장한 일 아니겠소이까!

요시노부는
오구리 다다마사를 해임하고
가쓰 가이슈에게
협상 전권을 위임한다.

간지와 자존심 때문에
100만 도시를 전쟁으로
몰고갈 수는 없지…

쳇;

일단 신정부와
대화 라인을 트려면
이쪽에서 동원 가능한 최고위급
카드를 사용해야지요.

최고위급 카드라 하면—

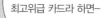

…조정에 공순코자 하오니
부디 저쪽에 구명의 말씀 좀
넣어주시옵기를 청하옵니다;

요시노부는
가즈노미야와 덴쇼인을
찾아가 청원.

싸움에 진 사무라이의 최후는
할복으로 정해져 있지 않습니까?

도쿠가 260년 천하의 끝을
정녕 구차한 목숨 구걸로
마무리 짓고 싶으신 게요?

ㅇㅇ, ㅠㅠ
살고 싶습니다.

크희이이잉

돌아가신
쇼군 전하들의 은덕에
빌붙어서라도 ㅠㅠ

ㅇㅇ
살려줍시다.
ㅠㅠ

포희이이잉

가즈노미야와 덴쇼인 라인을 통해
신정부 측과의 대화가 시도되고,

요시노부는 에도 성을 나와
우에노의 간에이지(관영사)에
틀어박혀 셀프 근신의 자세를 보인다.

3월 24일, 신센구미
100여 명을 주축으로 한
300여 명의
갑양진무대 출격.

신센구미 국장 곤도 이사미

하지만, 이 출격령의 저의는─

에도 성 항복 과정에서
난리칠 것 같은 과격파들을
미리 성 밖으로 내보내 흩어놔야
사달을 피할 수 있겠지…

갑양진무대는 고후 성을 방어 거점으로 삼기 위해 진군.

아시카가

신정부군

갑양진무대   에도

고후城

슨푸城

그런데, 500냥의 군자금이 주머니에 든 갑양진무대는
진군로상의 마을마다 흥청망청 회식을 즐기며 가느라
진군 속도가 늦어지고,

역시 카드 중의 카드는
법인 카드로구나!

3월 29일, 갑양진무대가
고후 성에 도달했을 때는 이미
이타가키가 이끄는
신정부군 400여 명이
고후 성에 입성해 있었다.

곤도는 일단
거짓말을 해보지만~

신정부군에서 얼굴을 알아봄.

바로 가쓰누마에서 전투가 벌어지고,
신센구미 외 병력 200명은 전투 시작과 함께 도주.
신센구미는 병력과 화력의 열세로 패퇴.

4월 1일, 아시카가에서도
막부 보병대 300여 명 패퇴.

3월 29일,
슨푸 성에 신정부군 입성.

슨푸 성은
이에야스의
저택이었다지.

4월 7일을 에도 성
총공격 D-DAY로
정합니다!

요시노부 목을 따고
에도 성은 불태워버린다!

사이고 님
찾는 전화가…

음?

모시모시~

아~! 아쓰히메께서 소인에게 전화를 다 주시고~

각설하고~ 에도 성 공격 중지하고, 요시노부 공 목숨은 부지케 해주시오.

원, 이런 이런;; 사쓰마 분께서 어찌 그리 도쿠가와 에도 성을 챙기신답니까?

나 님이 에도 성 살림 책임진 지 12년. 에도 성 3천여 식솔들의 안위를 끝까지 살필 책임이 있소이다.

요시노부의 목을 친다고 하면 이들 인원, 에도 성이 끝까지 항전하지 않을 수 없고

그리 되면
에도 성 지하의
핵융합로 자폭시켜서
다 같이 죽는게!!

헐..ㅁ!!

너 님,
돼지치기 시절에
우리 집에 입은 은의를
기억하쇼!!

보다 고위급 채널에서는 가즈노미야가
다루히토 친왕과 황실에 선을 댄다.

가즈노미야 전하, 어쩌면
우리가 잘 될 수도 있지
않았을까요?

옛 약혼자

에도 성에 포탄 날라오면
너 님 인생은 확실히
잘 안 될 거임.

천황 고모 체면을 무시한다면
모두 대가를 치르게 될 것이오.

신정부가
요시노부 공의 목을 치기 위해
에도를 불바다로 만든다면, 서양은
신정부에 대해 크게 실망할 것입니다.

신정부군! 신사답게 행동해!

뭣보다도
영국 공사의 압박이
크게 작용.

멕시코 공화국군도
막시밀리아노 황제
처형했잖아요?

그런 아즈텍 풍습
흉내내지 말자고요.

와, 다들 저렇게까지 나오면 뭐 어떻게 요시노부 살려주는 쪽으로 협상하지 않을 도리가 없죠.

자, 이리 밑밥 다 깔렸으니 이제 협상을 시작합시다. ㄱㄱ

야마오카 뎃슈, 협상을 위해 슨푸 성으로.

슨푸 성 회담에서 대충 舊막부의 항복 조건이 좁혀지지만,

에도 성과 군함, 병기 다 넘기고, 무장해제 하고, 전범들 넘기고, 요시노부 공은 비젠 번에 유배ー

요시노부 공을 죄인 취급하지 말아주시오!

허허~ 뎃슈 씨께 관직 한 자리 제안 드리고 싶은데~

아, 됐슈!!

뎃슈라서 '됐슈' ?!

150

이어서
4월 5~6일.
에도에서
사이고와 가쓰가
최종 협상을 진행.

결국 천하는 이리
결착이 났군요.

망국의 군주는 그 망국과
운명을 함께함으로써 역사에
부끄럽지 않은
이름을 남기는 법이고,

서양에서 혁명이 일어나면
군주의 목을 치는 것을
국룰로 여긴다던데 말입니다.

원. 숭한 말씀 마시오.
동양에서는 예로부터
선양의 전통에 따라
망국의 군주라도 천수를
누림을 미덕으로
여기지 않소이까.

이제 새로운 일본을 만든다고 할 때,
역사와 나라의 절반을 잡아 죽이는 식으로는
결코 통합된 국가를 만들 수 없을 것입니다.

이 모든 걸 품에 안고 갈 수 있는
큰 나라— '제국'의 도량을
보여야 할 것이외다.

그리하여 1868년 4월 7일.
에도 성 개성 협상 타결.

뭐, 그리 통 크게
함 가봅시다.

협상 결과에 따라 4월 26일,
요시노부는 도쿠가와家 당주를
이에사토에게 내주고 미토로 낙향, 은거.

역사의 무대에서
쓸쓸히 내려갑니다…

도쿠가와 이에사토(5세)

舊막부군의
모든 무기, 함선,
군수 물자 등등 모두
신정부에 양도할 것.

ㅇㅇ.
ㅠㅠ

1868년, 5월 3일.
舊막부 측 인원이 모두 퇴거한 에도 성에
신정부군이 무혈 입성.

5월 11일, 다루히토 친왕의 총독부가 에도 성 입성.
에도는 완전히 신정부의 통제하에 놓이게 된다.

266년 도성이
이리 함락되누나.
ㅠㅠ

이렇게 역사의 한 챕터가
마무리되고, 새 챕터가 시작되나니~
이제 내전도 마무리되고
근대국가 건설이 시작되겠지요?

—라고 착각하지 마라!

진짜 내전은
이제부터 시작이다.

저항 세력이 아직
우글우글하다고요.

**MEANWHILE**

파면당하고
군마의 시골로 내려간
오구리 다다마사.

백이 숙제처럼
쑥만 먹고 살 것이야.

미쓰이 그룹 근대화 CEO
미노무라 리자에몬(오구리 밑에서 일했다)

※실제로 몇몇 막신들은 에도 성 개성 때
도망쳐서 미국으로 망명.

일본 커피 재배의 시조
쓰카하라 마사요시

에도 성 개성 3주 후인 1868년 5월 27일,
오구리 다다마사는 신정부군에
체포되어 처형.

그런데 오구리 다다마사의 죽음은
이후 기묘한 도시 전설을 남겼으니,

에도 성에서 나올 때 오구리가
비밀 임무를 띄고 도쿠가와家의
황금을 반출해
어딘가에 은닉했다는 것!

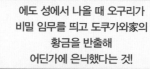

나중에 막부 부흥 운동의
군자금으로 쓸 금이란 것.

3조 원 정도로 추산되는
그 도쿠가와 매장 황금의 위치는
오구리의 죽음과 함께
잊혀졌다고 하지요.

하여 21세기까지도
도쿠가와 매장 금을 찾아
군마현 아카기 산 곳곳을 파헤치는
보물찾기가 계속되고 있다고 한다.

쿡 쿡

혹은
미쓰이 그룹에서
꿀꺽했다는 설도.

헛소문 ㄴㄴ!

막부가 몇십 년간 재정 적자 상태였는데
무슨 은닉 황금 같은 게 있을 리가 있나.
발견해봤자 쓰레기 채권 뭉치들이겠지.

# 제 9 장

# 좌막 세력의
# 저항

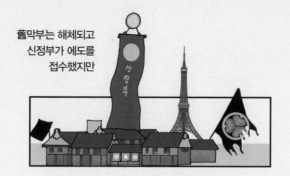

舊막부는 해체되고
신정부가 에도를
접수했지만

신정부에 복종을 거부하는 저항 세력들이
각지에서 움직이기 시작한다.

삿초 찌끄러기 놈들,
어디 우리 동네로 함
잡으러 와봐라!

역적 2호로 지명수배 된
아이즈 번주 가타모리는
아이즈에 웅거하며
동북 제번의 지지를
모으고 있고,

에도 한복판 우에노
간에이지(관영사)에서는
수천 명의 막신들이
쇼군 호위를 명목으로 모여
창의대라는 이름으로
쿰척이고 있고,

창의대

아이즈

간에이지

에도 앞바다에서는 에노모토 함대가
신정부의 함선 인도 요구를 씹으며
저항 세력에 협력하고 있다.

그리고 수천 명의 舊막부 육군이 무장해제를 피해 에도 개성과 함께 에도를 탈출해 북으로 향한다.

군대 해산령에 반발해 수도를 떠난 군인들이 지방에서 저항 세력이 된다는 스토리는 어디서 들어본 거 같은데?

신센구미 출신 히지가타 도시조가 이끄는 1000여 명이 앞장서고,

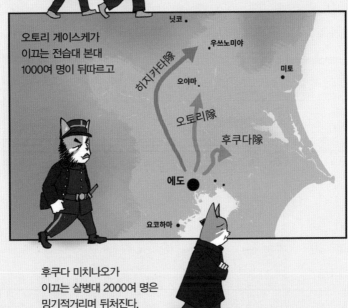

오토리 게이스케가 이끄는 전습대 본대 1000여 명이 뒤따르고

닛코
우쓰노미야
미토
히지카타隊
오야마
오토리隊
후쿠다隊
에도
요코하마

후쿠다 미치나오가 이끄는 살병대 2000여 명은 밍기적거리며 뒤처진다.

에도 개성 5일 후인 1868년 5월 8일,
오토리隊는 오야마에서 신정부군을 격퇴.

5월 11일 히지카타隊,
우쓰노미야城 공격.

5월 11일. 우쓰노미야城 함락.

나 님이 그냥 칼잡이가 아니라 군재도 좀 있지요.

다음날 오토리隊도 우쓰노미야城에 입성해 합류.

적이 이곳 탈환을 위해 집결하기 전에 우리가 미부를 먼저 쳐야 합니다.

5월 14일 舊막부군, 미부를 선제공격.

미부城 앞 야스즈카 마을에서 신정부군과 격돌.

닛코

우쓰노미야

미부

오야마

미토

에도

불란서류 오의! 착검 돌격!

For the 쇼구네이트!

요코하마

으어...

전습대의 돌격력에 신정부군은 한때 크게 밀렸으나

곧 신정부군 병력이 증파되고

때아닌 폭우가 쏟아지는 통에
舊막부군은 미부 공략을 포기, 후퇴하게 된다.

다음 날 5월 15일, 신정부군은 도오산도 방면 병력을
총동원해(1만 이상) 우쓰노미야城 탈환전에 나선다.

도오산도 방면군 대군감 가가와 게이조

몇 번의 착검 돌격
성공에도 불구하고,
포격을 견디지 못한
舊막부군은 성을 버리고 패주.

(히지카타 부상)

철퇴 과정에서 다수의
舊막부군이 닛코 산간으로 도주.

문화재 소실을 염려한
이타가키는 잠시 휴전을 맺고
닛코의 舊막부군이 하산해
북쪽으로 떠날 수 있도록
배려한다.

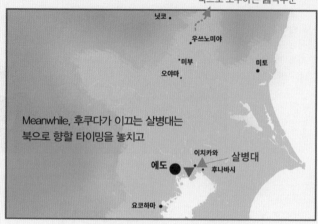

이치카와에서 신정부군 오카야마 번병과 대치하다가

이 전투들을 통해 에도 근방 관동의
여러 번들이 신정부의 위세에 눌려
복속해 들어왔는데

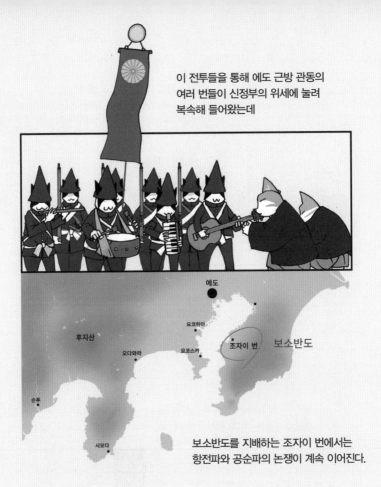

에도

요코하마

후지산

오다와라        요코스카        조자이 번        보소반도

슨푸

시모다

보소반도를 지배하는 조자이 번에서는
항전파와 공순파의 논쟁이 계속 이어진다.

더 늦기 전에
신정부에 복속을!

남자답게 신정부에
맞서보고 싶은데;

우리 지역에 들어온
막부 잔당 유격대란 놈들
빨리 소탕해야 합니다!

무리데스요;;

조자이 번주
하야시 다다타카(20세)

으엌;
번주님!!

에라이!!
나 님은 이제부터
탈번 낭인이다!!

5월 24일, 번주 다다타카는
부하 70명과 함께 탈번.

저 양반은
1941년까지 명이 이어져서,
진주만 공습도 볼 뻔했지요.

탈번한 다다타카는 보소반도에 들어와 있던
舊막부 잔당인 유격대(30여 명)와 합류.

제대로
모시겠습니다~!

유격도 함
해보고 싶었어!

보소반도를 훑고 내려가며
지원병들을 모아
270여 명으로 늘어난다.

그런데 5월 27일,
신정부군이 보소반도로 진입,
고이에서 살병대 잔당 소탕전을 벌이고.

거기 탈번 번주 나으리도
좀 봅시다.

헉;

이에 다다타카 일행은
에노모토가 제공한 함선을 타고
보소반도를 탈출.

점점
재밌어지는데?

6월 2일, 270여 명의 유격대가
오다와라에 상륙합니다.

흐흐~
흡사 인천상륙작전 같은
뒤치기 상륙 성공!!

이제 에도로
쳐들어간다!!

예?
예?
예??
예????
예?? 예???

물론 그냥 무작정 쳐들어가는 게 아냐!
에도의 우에노 간에이지에 웅거 중인
창의대 4천여 명과 합류한다는 계획이지!

뜻있는
충신들을
환영합니다!

요시노부가 근신했던
에도 한복판 우에노 간에이지에서
농성 중인 이들 창의대
4천여 명은 요시노부의 안위를
지킨다는 명목으로 모여든
舊막신들이기에
신정부가 함부로 토벌하기가
여의치 않았다.

협약대로 우리 주군의 안위가
확실히 보장되기 전까지는
우리가 주군을 지키겠다!!

쿵!!

하지만 요시노부가
확실히 에도를 떠나
미토로 내려가면서
창의대는 명분을 잃고,

느그 쇼군은 이미 미토로
낙향했는데, 네놈들은 왜
거기서 계속 쿰척대고 있냐!?
해산해라!!

헉;;

이에 창의대 내부에서
노선 논쟁이 벌어지고,

주군이 에도를 떠났으니
우리도 여기 있을 명분이 없지.
막부 육군처럼 우리도
북으로 가서 싸우는 게 좋겠소.

창의대 부행장
아마노 하치로

창의대 행장
시부사와 세이이치로
(에이이치의 사촌 형)

에도 한복판에 우리
충성파가 알 박고 있다는 게
얼마나 중요한 의미를 갖는지
모르시겠소?!

정약용 선생도 절대
서울을 떠나지 말라고 하셨제!
여기서 존버해야 함!

결국 세이이치로를
따르는 이들이 이탈하면서
창의대 세력은 줄어들기 시작하는데-

존버도
누울 자리 봐가면서
하는 거지;;

ㅎ 이제 슬슬 제풀에
와해되기 시작하나-

스윽

아, 저, 여기
들어가시면
안 되는데요;

음?

아니,
이 간에이지는 내 절인데,
내 집을 내가
맘대로 못 들어가나?!
비키시오!

제13대 삼산관영궁
요시히사 친왕(21세)

三山管領

삼산관영은 에도 막부 초기,
도쿠가와 이에야스가 만든 직위로,

3대 주요 사찰의 주인이며

우에노의
간에이지

닛코의
린노지

히에이산의
엔랴쿠지

170

천태종
전체를 통괄하는
좌주를 뜻한다.

종교적으로 대단히
중요한 직위이기에
대대로 천황과 가까운
황족이 맡도록 했죠.

So, 삼산관영을 맡은 황족을
도에이 대왕(동예대왕)이라 높여 부른다.

그리고 도에이 대왕의 관저는
에도 한복판 우에노 간에이지.

에도에 거주하는 이 도에이 대왕의 존재가,
이에야스가 만들어놓은 도쿠가와 막부
최후의 안전장치라 여기는 시각도 있다.

만약, 언젠가 교토가 反막부 세력에
제압당하고, 천황이 적들의 손에
들어가는 비상 사태가 벌어질 경우―

천황이 우리 손에
있으니 우리가 관군이고
도쿠가와가 역적이다!!

음....!

교토의 천황에 대해,
에도의 대립 천황을
옹립한다는 계획!

실제로 14세기에 정통 천황이
무로마치 막부를 적대하자
무로마치 막부가 대립
천황을 세워 남북조 시대가
펼쳐지기도 했던 것.

이처럼 비상시, 남북조 시대에 이은
동서조 시대를 열 수 있는 최후의 카드가
바로 에도의 도에이 대왕이었다는 것.

요시노부는 그 최후의 카드를 결국 건드리지 않았지만~

저건 진짜로 나라 절단내자는 핵 미사일 버튼이지;;

그 최후의 카드 본인은 그럴 생각 만땅이었던 듯.

미친 쿠데타 무뢰배가 황궁을 총칼로 점거하고 어린 천황을 꼭두각시 삼다니!!!

종친으로서 어찌 이를 두고 보겠는가!!

요시히사 친왕은 일본의 오를레앙家인 후시미노미야 출신으로

**伏見宮**

천황家 방계죠.

닛코 천황의 양자로 들어갔기 때문에 법적으로는 고메이 천황의 동생이고

**닛코 천황**

**요시히사 친왕**

**고메이 천황**

현 무쓰히토 천황의 숙부라 할 수 있다.

**무쓰히토 천황**

이런 요시히사 친왕의
간에이지 입갤에
창의대는 사기 충만.

도에이 대왕 전하
천세!!!

대왕 전하
만세!!

이제 전하가
아니라 폐하!?

으어;; 저것들
버프 만땅 받았네;;
도에이 대왕이라니;;

으쌰! 으쌰!

폭도들을 처리하는
병법에 대해서는 이미
훌륭한 모범이 있잖는가?

포도달에 포도탄으로
폭도들을 쓸어버린
나폴레옹의 업적을
기억하라!!

히익;;

7월 3일, 군방사무국 판사
오무라 마스지로에게
우에노 간에이지 창의대에 대한
처리 전권이 주어지다.

174

# 무대는
# 동북으로

일찍이 1868년 4월 14일,
오우 진무 총독부 병력 500이
센다이에 도착.

센다이는 석고 100만 석의 대국으로
에도에서 먹는 쌀의 절반이 센다이産이죠.
홋카이도의 3분의 1도 센다이 식민지임.

센다이城

오우의 큰 형님인 센다이 번이
아이즈 토벌에 앞장서줘야겠시다!
센다이 병력을 보내
아이즈를 치도록!

(···이 인간,
말이 짧다···?)

센다이 번주
다테 요시쿠니(43세)

센다이 번 가로
다다키 도사(51세)

어휴, 물론입죠.
센다이는 신정부에
충성 충성입니다요~

5월 11일, 신정부의 명을 받은 센다이군이
아이즈 영내로 진입.

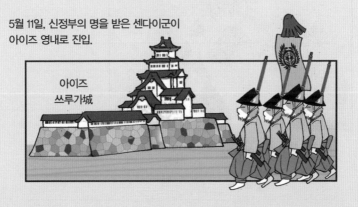

아이즈
쓰루가城

어이쿠, 이거
내가 죽을 죄를 지었네,
항복이요, 항복!
목숨만 살려줍쇼!

5월 13일,
아이즈 번은 센다이군에
항복하는 시늉을 하고.

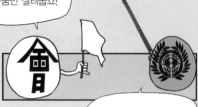

어이쿠, 이리 항복을
하셨으니, 신정부 쪽에
말씀 잘 드리리다~!

번주 가타모리는 성 밖 별장에
틀어박혀 근신하는 시늉을 한다.

넙죽 엎드리는 제스처를
취하면 신정부 놈들도
여기까지 굳이 군대를
보내지는 않을 겁니다~

아이즈 번 가로
사이고 다노모

음…

## BUT

세라 슈조 대노.

장난 까냐?!!
이 뭔 개수작들이야!!
아이즈를 토벌하라는 건
가타모리를 포박해 오든
목을 잘라오든 하라는 거지!!!

와장창

으어;

동북 산적 놈들의
눈 가리고 아웅에
속아 넘어가줄
성 싶으냐?!

5월, 세라는
오우 총독부 병력
수백 명으로
쇼나이 번 침공—

쇼나이군에게
단방에 격퇴당하고
센다이로 쫓겨난다.

그 와중에 아이즈 번은 센다이 번정에
열심히 로비를 펼쳐 센다이 번정 내에
아이즈 옹호 여론을 대세로 만든다.

아이즈와 센다이는
실로 입술과 이의 관계죠.
삿초 놈들이 오우를
점령지 취급할 모양인데
어찌 앉아서 당하겠습니까.

오우~!
맞말이네

이에 센다이 번은 오우 지방의 큰 형님으로서
오우 14번의 중지를 구하는 오우 열번 회의를 소집한다.

천하대란의 소용돌이!
오우의 운명은 어디로 향하는가?!

오우야~!

지역 사회 구성원으로서
각 번 대표들은 빠짐없이
참석해주시기 바랍니다!

오
우

6월 1일,
시로이시城에서 열린
오우 14번 회의에서
뜻이 모이길一

아이즈, 쇼나이 번을
그리 처분하겠다는 건
오우 전체를 낮춰보는 것!

저 삿초 무리가
우리보다 위라는 걸
인정할 순 없죠!!

조정에 상소를 올림에 있어
우리의 발언권도
삿초와 평등해야 할지니!

삿초의 아이즈·쇼나이
처벌 주장에 대해
오우의 아이즈·쇼나이
사면 건의도 조정에서
평등하게 다뤄져야 합니다!

번 위에 번 없고
번 밑에 번 없다!
만번평등!

So,
아이즈·쇼나이의 사면을 청원하는
오우 14번의 연명 탄원서를
오우 총독부에 제출합니다.

엉?

이, 뭔 개수작이야?!
쓰잘데기 없는 짓거리 꾸미지 말고!
당장 가타모리의 목을 가져오지 않으면
오우 전체가 역적 되는 거야!!

확찍

으어어어;;

오우 진무 총독부는
오우 제번의 아이즈 사면 요청을 묵살.

1868년 6월 10일 새벽,
센다이 시내 숙소에서
꿀잠 중이던 세라 슈조.

자다가 센다이 번사들에게 참살당한다.

세라의 목이 잘리고,
총독부 인원 수 명도
참살당하고,

으악!! 센다이가
역당에 붙었다!!

솔직히 역당은
네놈들이 역당이지!

나머지 인원들은 도주.
오우 진무 총독
구조 미치타카는 잡혀서
절에 감금된다.

바지사장 노릇도
험난하구나;;

6월 10일 이날,
아이즈 번도 일제히 군사 행동에 돌입.

사이토 하지메가 이끄는 신센구미와
아이즈 번병이 시라카와 고미네 성을 점령.

아이즈를 향한 진격로상
아이즈군과 신정부군이
시라카와와 우쓰노미야를
각자 거점 삼아
마주보게 된다.

그리고 이날 6월 10일 오후에는 우쓰노미야 탈환을 노리는
오토리의 구 막부군과 아이즈군이 이마이치의 신정부군을 공격한다.

이타가키가 이끄는
신정부군 700에 대해

우리 병력이
2배다!

1500명의 구 막부군과 아이즈군이
각기 두 갈래로 공격을 감행.

BUT, 동서 양 공격로의
공격 시간을 맞추지 못해,
동쪽 루트의 아이즈군이
패퇴한 이후에야
서쪽 루트의
구 막부군이 공격을 개시,
역시 패퇴.

시간차
각계격파다!!

아오! 시계만 좀
챙겨서들
다녔어도!!

아무튼, 이렇게 6월을 기해
일제히 동북방면 전선이 열렸으니

센다이가 이끄는
오우 14개 열번 동맹이
아이즈를 지원하는 전쟁이지요!!

오우! 놀 줄
아는 놈들인가!

오우야~

(얼마 후 에치고 쪽
번들도 가담해
오우에쓰 열번 동맹이 된다)

한편 에도에서는 우에노 간에이지 토벌의
카운트다운이 시작되고.

내일모레 공격 개시
할 거니까, 그 전에
도망들 가라.

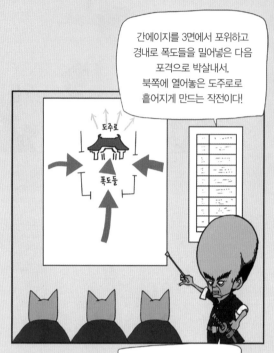

오무라는 사이고의 항의를 묵살했다고 한다.

7월 4일, 간에이지에 대한 3방향 총공격이 시작된다.

3면 압박으로 경내로 몰린 창의대에게 사가 번의 암스트롱 포탄이 작렬.

결국 북쪽에 열어놓은 구멍으로 창의대 인원들은 모두 도주, 뿔뿔이 흩어져 와해된다.

그렇게
우에노 간에이지
토벌 작전은 오무라의
작전 시간표대로
정확히 오후 5시에
종결된다.

크핫핫핫!!!
세상 대부분의 문제는 결국
대포 몇 방이면 다
풀리게 되어 있는 겟!!

아니, 근데 아군 사상자가
100명이나 나올
필요가 있었을까…;;

우에노의 창의대와 합류하려던 다다타카와 유격대는
그 무렵 오다와라 번병에 쫓겨 해안으로 도주中

으어; 오다와라 놈들;
처음에는 환대해주더니만;

우리 정체를 알고도
계속 환대해줄 리가
없잖습니까;

이 막부 해군을 놓고 신정부는 골치를 썩이고 있었으니.

이에 신정부는 가쓰 가이슈를
중재인으로 보냄.

에도 개성 협약에 의해
우리 주군이 미토에서
안위를 보장받는 것인데,
자네가 협약을 안 지키면
주군의 안위에도
해가 될 것이야;

신정부가 그런
치졸한 협박을;;

(근데 가쓰 공,
신정부에서 얼마
받아드셨어요?)

(맹세코 한푼도
안 받았거든!)

결국 에노모토는
후지산마루를 비롯한
구형 함선 4척을
신정부에 넘기고─

음? 4척만?
나머지 8척은??

아, 8척은 이번
태풍 때문에 다
운항 불능입니다~

에도

후지산

요코하마

오다와라      요코스카      조자이

슨푸

시모다

가이오마루를 비롯한
8척의 신형 함선을 이끌고
북쪽으로 향한다는
계획을 세운다.

배들 좀 움직여줘야
엔진에 녹이 안 슬어요~

· · · · · ·

어휴, 제가 신정부에
막 맞서 싸우고 그러려는 건
절대 아니라고요~!

북쪽으로 갈 때 관동의 저항 세력
잔당들 모두 싣고 갈 겁니다.
골칫거리들을 싹 다 쓸어가주니
신정부가 나 님한테 고마워해야죠?

상떼
(Santé!)

북쪽의 오우 열번 동맹은
가히 나라의 3분의 1을 점하는
대세력이니,
이 함대와 함께한다면
능히 천하를 논해볼 수도?!

우리의 모험은
이제 시작이다!!

(하지만 밍기적거리다가 가을 돼서야 움직이기 시작했기 때문에
열번 동맹에는 별 도움이 되지 못했다고···)

# 굽씨의 오만잡상

조자이 번주 하야시 다다타카는 번이 피해를 입지 않도록 번주의 탈번이라는 특이한 형태로 좌막군에 참여하게 됩니다. 그리 신정부군에 맞서 싸우면서 센다이까지 흘러가지만, 결국 동북전쟁이 끝날 무렵 센다이에서 신정부군에 항복하지요. 조자이 번은 개역당하고 다다타카는 다이묘 자격을 박탈당해 이후 귀족령에 따른 작위도 받지 못합니다. 이리되니 결국 평범한 일반인으로서 먹고살 길을 찾아야 했습니다. 처음에는 땅을 빌려 농사를 짓다가 선친의 인맥으로 어찌어찌 도쿄의 학무과 공무원으로 취직합니다. 하지만 곧 도쿄부 지사에 대한 직원들이 집단 반발에 동참해 사직. 홋카이도로 건너가 나카에구미 상회의 지배인으로 근무하지만 그년 후 상회가 파산. 이후 가나가와의 절에 신세를 지기도 하고, 오사카에서 이런저런 진로를 알아보며 사는 와중에 어린 딸을 먼저 보내는 아픔도 겪지요. 그러다가 옛 조자이 번사들의 청원 운동 끝에 결국 무진전쟁 후 그6년이 지난 1894년에 종5위(남작 아래) 작위를 받게 됩니다(종5위라는게 프로야구 선수나 만담가도 받던 작위긴 합니다만). 이후 인쇄국에서도 일해보고, 궁내청에서도 일해보고 신사에서도 일해보다가 은퇴. 이후 딸과 함께 살며 최후의 다이묘로 알려져 종종 인터뷰도 하며 유유자적하다가 1941년 93세로 사망합니다. 태평양 전쟁의 험한 꼴 안 보고 간 건 다행이라 하겠지만, 유신 세력이 쌓아올린 공든 탑이 폭삭 무너지는 꼴을 못 본 건 아쉬움일 수도 있겠습니다.

# 제11장

# 무진전쟁의
# 절정–
# 동북전쟁
# 국면

1868년 여름,

무진전쟁의
동북전쟁 국면이
치열하게 전개되는
와중에—

구보타 •

쇼나이 • 신조 •

**센다이** •

니가타 •

아이즈 •

나가오카 •

센다이城

1868년 8월 4일,
도에이 대왕-요시히사 친왕이
센다이에서 오우에쓰 열번 동맹의
맹주로 추대된다.

혹자는 이를
**센다이 조정**이라
일컫기도.

그리고 이 '센다이 조정'의 '정이대장군(쇼군)'을
센다이 번주 다테 요시쿠니가 맡기로 했다는 설도.

가문의 숙원!
다테 막부!!

당대 서양인들은 열번 동맹 맹주 도에이 대왕을
북부에서 옹립한 임금 정도로 이해했다고.

KING IN THE
NORTH!

실제로 이뤄지는
않았지만. ㅎ

일종의 스코틀랜드
같은 건가.

사실 저런 칭조 소꿉놀이 같은 건
실제 전쟁 국면에는 1도 영향 없었고.

1868년 여름, 동북전쟁은
주요 4개 전역에서
그 분수령을 맞이하게 된다.

구보타

아키타 전역

쇼나이  신조

센다이

니가타

호쿠에쓰 전역

나가오카

아이즈

히라카타 전역

시라카와

시라카와 전역

우쓰노미야

미토

에도

그중 가장 중요한 전역은—

# 1. 시라카와 전역

아이즈로 향하는
길의 입구인
시라카와 고미네 성!

아이즈 번 가로
사이고 다노모(38세)

6월 10일 이래로
아이즈 병력 2500이
점거 중이죠.

이를 뚫기 위해
사쓰마의 군사학 교수
이지치 쇼지가
신정부군 병력 700을
이끌고 올라온다.

…시라카와 고미네 성을 지키는
아이즈군은 2500인데, 공격하는
신정부군은 700;;

이지치 쇼지(40세)

공성전의 상식에 반하는
병력차입니다만;;

걱정 ㄴㄴ.
아이즈는 산골 촌놈들인지라
아직도 활과 화승총이 현역인
옛날 군대!

사무라이 역사와
전통 무시하냐?!

머릿수만 많아봤자
다 대포 밥일 뿐이지!.

**So, 화력전을 시작한다!!**

6월 20일.
신정부군, 공격 개시.

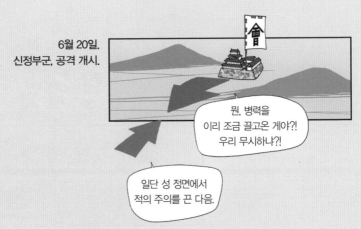

뭔, 병력을
이리 조금 끌고온 게야?!
우리 무시하냐?!

일단 성 정면에서
적의 주의를 끈 다음.

별동대로 성 양측면의
언덕을 점거.

음? 저기 언덕
올라가서 뭐 하게?

시라카와城 지어지던
중세 시절에는 저 언덕들이
별 위협이 안 됐겠지만─

그 언덕들에 암스트롱포와 곡사포를 배치.
성을 향해 포격을 퍼붓는다.

성내로 쏟아지는 작렬탄에 아이즈
병력은 속수무책 터져나가고.

아이즈군의 반격은
후장식 라이플 조준사격에
떼로 갈려나가고.

결국 아이즈군은
700명의 사상자를 내며 성을 포기하고 패주.

신정부군
사상자는
20명. ㅋ

6월 21일, 시라카와城은
신정부군에 함락된다.

현대전
더럽구나;;

사이고 다노모도 부상.

시라카와 함락에 열번 동맹 측은
큰 충격을 받고,

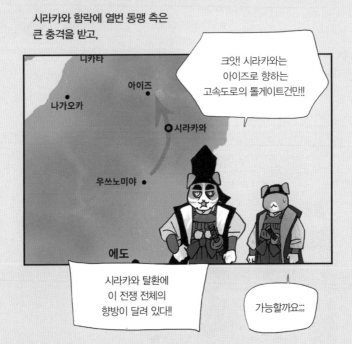

크앗! 시라카와는
아이즈로 향하는
고속도로의 톨게이트건만!!

시라카와 탈환에
이 전쟁 전체의
향방이 달려 있다!!

가능할까요;;;

시라카와 탈환을 위해
아이즈와 열번 동맹군은
4500의 병력을 모아
공성전에 나선다.

열번 동맹군은
7월부터 8월에 걸쳐
6차례의 공세를
반복했지만.

결국 8월 19일, 시라카와 공략군 사령관
사이고 다노모 해임.

두 달에 걸친
시라카와 공방전의
부진은 열번 동맹 측에
암운을 드리운다.

200

## 2. 호쿠에쓰 전역

나가오카 번이
위치한 호쿠에쓰 지방은
원래 오우 지방과는
따로 놀던 곳인데—

구보타 •

쇼나이    신조

센다이

니가타

아이즈

나가오카

시라카와

우쓰노미야 •

미토 •

에도

이 나가오카 번 북부의
니가타 항구가 개항장이었던지라
열번 동맹 측은 니가타항을 통해
서양 상인들로부터
무기와 탄약, 각종 군수물자를
들여오고 있었다.

어휴, 일본의
남북전쟁 Civil war가
남일 같지 않네요~

(서양 상인들에게 사기도 종종 당한다)

니가타항의 열번 동맹 역적 놈들 죄다 쫓아내고, 영광스러운 신정부군에 합류해라!!

이에 신정부는 호쿠리쿠 진무 총독부군을 진격시켜 나가오카 번을 압박.

6월 21일, 나가오카 번내로 밀고 올라온 호쿠리쿠 총독부의 대군감 이와무라 세이이치로와 나가오카 번 가로 가와이 쓰기노스케가 협상을 갖지만─

원, 신정부의 저런 무도한 갑질에 맞서, 열번 동맹과 함께 번의 자주권을 지킵시다!

열번 동맹 역적 놈들 다 쫓아내고 나가오카 번병은 신정부군 산하로 다 합류시키시오!

아니, 그냥 중립하면 안 되나요?;;

충신 아니면 역적! 중립따윈 없다!!

개항장을 통해 들여온 엔필드, 스나이더 등의 후장식 소총으로 무장한 나가오카軍을 무시하면 곤란하죠.

신정부 측과의 협상 결렬로 나가오카 번은 열번 동맹에 가담.

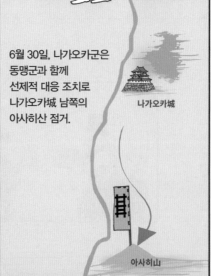

6월 30일, 나가오카군은 동맹군과 함께 선제적 대응 조치로 나가오카城 남쪽의 아사히산 점거.

나가오카城

아사히山

이에 7월 2일,
신정부군이
아사히산 공격 개시.

신정부군 참모
도키야마 나오하치
(from 쇼카손주쿠)

이 촌놈들도
기병대의 위명은
들어본 적 있으렸다!

아사히산 전투에서 신정부군은
지휘관 나오하치를 비롯한
46명이 전사하며 패퇴.
열번 동맹군 전사자는 9명.

뭔병대?! 우리는
뇌신대다!!

으커얼;

구와나 번 뇌신대 대장
다쓰미 나오후미(23세)

뒤늦게 원군을 이끌고 온
야마가타 아리토모는 책임을 통감.

아오; 어떻게든 기병대의
실추된 위신을 만회해야;;

신정부군 참모
야마가타 아리토모(30세)

적 본대는 아사히산에 몰려와 있으니까, 몰래 시나노강을 건너 나가오카 성 빈집 털이를 시도하면 어떨까?

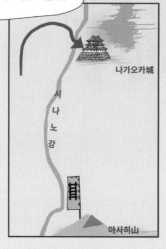

총독부는 이 작전을 반대했지만 야마가타는 작전을 강행합니다.

7월 8일 새벽, 야마가타가 이끄는 신정부군 1500명이 나가오카 상인들의 내통─ 도움을 얻어 시나노강을 도하.

전쟁은 언제나 하이 리스크 하이 리턴이다!

적의 허를 찌른 급습 성공. 신정부군, 나가오카 성내로 진입!

역시 언제나 뒤치기가 진리라니까!

하지만 급히 성으로 돌아온 나가오카군과의
전투가 이어지고.

당시 일본에 3문뿐이던
개틀링건 중 2문이
나가오카城에 있었다고.

하지만 협소한 공간의 한계와
운용 미숙으로 개틀링건은
크게 활약하지 못하고

저런 사기템 든 놈들을
이기고 성을 점령한
이 몸! 명장이다! 명장!!

나가오카군과 동맹군은
성을 포기하고 동쪽으로 후퇴.

일단은 물러나지만
기필코 돌아와서
우리 성 탈환한다.

## 3. 히라카타 전역

구보타

쇼나이  신조

센다이

니가타

아이즈

나가오카

시라카와

히라카타

그 무렵
신정부 사령부는
시라카와 방면군을
지원하기 위해
해로로 군대를
보내기로 결정.

우쓰노미야

미토

에도

8월 4일,
신정부군 병력 1500명이
히라카타에 상륙한다.

육로보다 해로로 움직이는 게
더 빠르고 편하기 때문에
기획된 상륙이지요.

아니, 바다는
에노모토 함대가
맡아주는 거 아니었나?!
어째서 신정부군 배들이
맘대로 돌아다니는 거지?!

아, 그게 에노모토가
아직 확실하게 이 전쟁에
참전한 게 아니라서 말이죠;

신정부군을 향해
대포 한 방 안 쐈으니
저를 역적 취급하지
말아주세요~

물론 열번 동맹 측에는
각종 물자와 인원 수송을
비롯한 전면적인 협조를
제공해드립니다요!

신정부와
원수지지 않으려고 하면서,
뭔가 훗날을 도모하는
모양새죠.

그렇게 상륙한 신군부군은
내륙으로 북진을 개시.

**구보타 번**

구보타 •

쇼나이 •    • 신조

• 센다이

니가타 •

아이즈 •

나가오카 •

8월 12일,
다니구라城 점령

• 시라카와

• 히라카타

우쓰노미야 •

• 미토

에도

이제 이쪽에서
시라카와 방면으로 진출, 합류.
바다를 통한 보급로를 열고,
풍부한 병력과 보급으로
아이즈를 향해 진격한다!

## 4. 아키타 전역

구보타 번

구보타 •

신조 •

쇼나이 •

센다이 •

니가타 •

아이즈 •

나가오카 •

시라카와 •

히라카타 •

우쓰노미야 •

미토 •

에도 •

세라 슈조가 참살된 이후,
오우 총독부 잔존 인원들은
흘러 흘러 오늘날 아키타 지방–
구보타 번에 모이게 된다.

> 동북의 여러 번들을 설득해
> 신정부군에 합류시키는
> 임무를 계속 수행해야죠;;

신정부 측의 구보타에 대한 회유 공작 소식에
센다이 측도 구보타에 사절을 보내 동맹 잔류를 호소.

사타케 가문을
이 북쪽 오지로 쫓아낸 게
도쿠가와 막부잖습니까?!
그 도쿠가와의 잔당들과
어찌 손을 잡으시렵니까!

도쿠가와가 싫다고 해서
삿초의 똘마니가
되지는 맙시다!!

구보타 번정 내에서의 격렬한 논쟁 끝에―

8월 21일, 구보타 번은
센다이 번 사절 11명을 참살하고
열번 동맹 탈퇴,
신정부군에 합류한다.

웰컴!!

아니, 배신을 해도 좀
점잖게 배신을 하셔야―
끄아아악!!!

구보타 번을 따라
기타 몇몇 번들(푸른색)이
함께 열번 동맹을 탈퇴해
신정부 측에 가담.

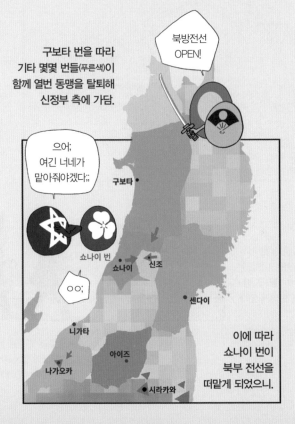

북방전선
OPEN!

으어;
여긴 너네가
맡아줘야겠다;;

쇼나이 번

○○;

구보타

쇼나이    신조

센다이

니가타

아이즈

나가오카

시라카와

이에 따라
쇼나이 번이
북부 전선을
떠맡게 되었으니.

도쿠가와 4천왕의 필두인 사카이 가문이 다시 그 위명을 떨칠 때가 되었다!

쇼나이 번주
사카이 다다즈미

번주 스스로 군사학에 조예가 깊어 쇼나이군을 서양식으로 훈련, 무장시키고 직접 군을 지휘한다.

원래는 시라카와로 가서 아이즈를 도우려 했지만, 이제 그럴 여유가 없지! 북쪽 배신자들을 정리한다!

구보타

쇼나이　신조

센다이

니가타

먼저 구보타 따까리 신조를 공격!!

8월 31일 쇼나이군, 신조城 점령.

구보타와 그 일당들이 지난 봄에 신조 성에 집결해서 쇼나이로 쳐들어오려 했었죠.

신조 번정은 구보타로 도주.

자, 이대로 북방을 모조리 쓸어버리고 북일본 사카이 왕국을—

나으리! 남쪽에서 급보입니다!!

8월 31일, 시라카와 방면 열번 동맹군의 마지막 (7차) 공세도 실패!

구보타

쇼나이    신조

센다이

니가타

아이즈

나가오카

시라카와

히라카타

우쓰노미야

미토

에도

히라카타에 상륙한 신정부군은 열번 동맹군을 연파하며 시라카와의 신정부군과 합류!

결국 시라카와 방면 열번 동맹군은 철수!
아이즈로 도주 중입니다!!

이제 아이즈로 향하는
길이 열린 것인가;;

…이제 아이즈
본토 결전이다!

…삿초 양아치 섀퀴들,
어디 한번 아이즈로
기어들어와 봐라!!

아이즈 무사단이 왜
똘아이즈라 불리는지
똑똑히 새겨주마!

# 굽씨의 오만잡상

일본 전국시대, 각 세력은 첩자, 특수 요원으로 닌자들을 고용했지요. 그 닌자들 중 가장 유명한 유파 중 하나가 쿄가 닌자입니다. 전국시대가 끝나고 에도 막부가 들어서자, 쿄가 닌자들은 어떻게든 무사 계급으로 편입되기 위해 청원 운동을 벌입니다. 하지만 막부는 이들의 청을 묵살. 쿄가 닌자들은 결국 무사 신분을 얻지 못한 채 전공인 약학을 살려 약사로 일하며 살아왔습니다(에도시대에도 막부와 각 번에서 첩보 활동을 위해 닌자들을 고용했다는 썰들도 있긴 합니다만).

그러다가 막말 난세가 도래. 도막파와 좌막파 간의 내전이 벌어지자 쿄가 닌자들은 다시 수리검을 챙겨 듭니다. 처음에는 이번에야말로 막부를 도와 공을 세워 무사 신분을 얻자는 구상이었습니다만. 닌자들의 정보력을 통해 판세를 분석했는지, 아니면 자신들에게 무사 신분을 주지 않은 막부가 얄미워서였는지, 결국 신정부 편에 붙어 막부를 치는 걸로 결정이 납니다.

그렇게 신정부군에 가담한 쿄가 닌자들은 신묘한 인술을 발휘, 뇌둔으로 적의 화포를 감전시킨다던가, 창조재생으로 병사들의 잘려나간 팔다리를 재생시킨다던가─ 한 건 아니고, 그냥 평범하게 소총 들고 싸웠다고 합니다. 아키타 전선에 투입된 쿄가 닌자 병사들은 쇼나이군을 상대로 선전하여 용맹을 떨쳤으니, 무진전쟁 이후 포상을 기대할 법도 했을 허. 하지만 신정부도 쿄가 닌자들에게 사족 신분을 부여해주지 않았습니다(사족 숫자를 줄이려고 수단을 가리지 않는 허에 새로 사족을 늘려줄 리가 없죠). 결국 쿄가 닌자들은 새 세상에서도 계속 약사 일을 하며 살아갔다고 합니다. 그래도 그런 제약, 약국 사업으로 꽤 크게 성공했다니 나름 해피엔딩이라 하겠습니다.

# 제12장

# 동북의 가을

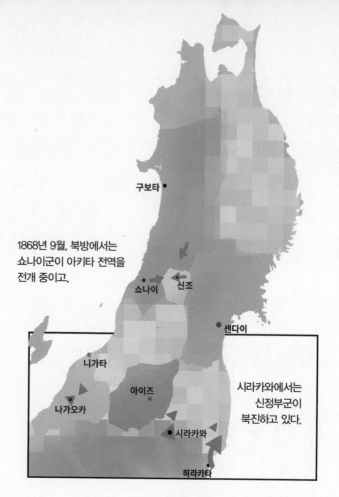

구보타 •

1868년 9월, 북방에서는
쇼나이군이 아키타 전역을
전개 중이고,

신조

쇼나이

• 센다이

니가타

아이즈

나가오카

시라카와에서는
신정부군이
북진하고 있다.

• 시라카와

히라카타

성내 신정부군이
병력도 더 많은데
어떻게 공격하는지요?

그리고 나가오카 성을 빼앗긴
동맹군은 나가오카 외곽의
신정부군을 걷어내며
성 탈환을 모색한다.

뇌신대 대장
다쓰미 나오후미

나가오카 번 가로
가와이 쓰기노스케

성 북쪽 핫초오카 늪이
방비가 허술한 지점이니
거길 건너서 공격한다.

핫초쿄 늪이면
좋았을 텐데

배를 타고도, 걸어서도 건널 수
없는 늪이라고 하지만
나가오카 사람들은 길을 알지.

9월 10일 새벽,
동맹군 700여 명은
핫초오카 늪을 건너
나가오카 성
기습 공략 개시.

그리고, 우리 성이니까
성의 방비 취약 지점–
침투 코스도 잘 알고.

동맹군의 기습 진입이 성공하고,
전날 회식으로 술에 곯아떨어져 있던
신정부군은 황망하게 패주한다.

두 달 만에 우리 성
탈환 성공!!

쉽게 얻은 성은
쉽게 뺏기는 건가!!

하지만 다음 날, 성 밖 아라마치 전투에서 가와이는 총상을 입고 리타이어.

컥; 운을 다 썼나보네;;

(부상 악화로 3주 후 사망)

같은 날 9월 11일, 신정부군은 호쿠리쿠 지역의 빠른 평정을 위해 니가타항 북쪽에 병력을 상륙시킨다.

니가타

아이즈

나가오카

구로다 기요타카(28세)

가와이 그 양반은 나 님이 신정부 요직으로 모셔가려고 했는데 아깝게 됐구만~

신정부군의 상륙에 시바타 번을 필두로 나가오카 북쪽의 여러 번이 동맹 탈퇴. 신정부 측으로 전향.

이런 스바타!

아이고~ 저희는 저 역적 놈들 협박에 못 이겨서 저기 붙어 있던 겁니다요~ 신정부에 충성 충성~!

니가타항을 지키던 동맹군은 함포사격을 동원한 신정부군의 공격으로 9월 12일 패주.

함포사격이라니; 더럽게 양놈들 흉내를 내고 난리야;;;

야마가타 씨, 나가오카 성에서 도망나올 때, 훈도시RUN 했다던데 사실입니까.

니가타항을 통해 신정부군의 병력은 속속 증강되고.

호쿠리쿠 총독부 참모장
(낙하산 귀족 바지사장)
**사이온지 긴모치**(19세)

아, 그런 거 말고, 개틀링건 탄막을 뚫고 성을 점령했던 공적을 평가해주시지요?!

1868년 9월 15일, 만 단위 병력을 동원한 신정부군의 공세로 나가오카城 재함락.

휴;

10배 넘는 병력차는 에치고의 용, 우에스기 겐신이 살아 돌아와도 못 이기지;;

나가오카 성 함락과
지역 제번들의 공순으로
에치고 지역을 대충 평정한
신정부군은 북진을 모색.

아이즈 쪽은 에치고 산맥으로
막혀 있으니, 쇼나이 쪽으로
진군해야지~

크윽, 저걸 어떻게든
발목 잡아야 할 텐데;;

대장! 여기가
문제가 아니라 동북전쟁의
메인 전장인 아이즈 쪽이
간당간당하답니다!!

히라카타 상륙군과 합세한
시라카와 방면 신정부군에 의해
9월 15일, 니혼마쓰 성 함락!

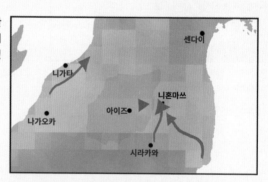

비극일세;;

니혼마쓰 성 함락 때,
10대 초중반 소년병
25명이 전사.

니혼마쓰 함락 후,
신정부군의 진군 방향을 두고
의견 차이가 있었으니,

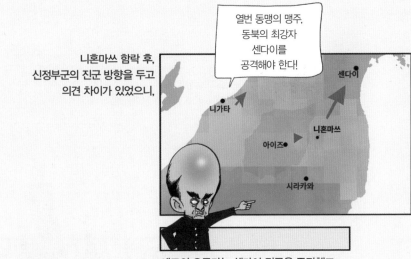

열번 동맹의 맹주,
동북의 최강자
센다이를
공격해야 한다!

에도의 오무라는 센다이 진공을 주장했고,

ㄴㄴ, 예정대로
아이즈를 쳐야지요!

현장 지휘관인
이지치와 이타가키는
아이즈 진공을 주장.

아이즈를 먼저 쳐야 하는 이유는
측후방에 아이즈 세력을 두고
진군할 수 없다는 부분뿐만 아니라–

크악!! 죽는
그 순간까지
앵겨주마!!

센다이가 항복해도
아이즈는 끝까지 싸우겠지만–

아이즈가 멸망하면
센다이는 바로 항복할 거거든요.

어;; 음;; 아이즈 사면을 위해
들고일어난 전쟁인데, 아이즈가
망하면 싸울 의미가 없지요;;;;

이에 아이즈 진공이 결정되고,
10월 5일, 니혼마쓰의 신정부군 3천이
아이즈를 향해 진격 개시.

센다이

니가타

니혼마쓰

아이즈●

나가오카

시라카와

그래, 어디 한번
쳐들어와 봐라!!

아이즈 무사단
총동원령으로
맞이해주마!!

會

아이즈 번은 숙무가
인원들을 총동원한 부대를 편성했으니~

## 주작대

18~35세 인원
1200명

## 청룡대

36~49세 인원
900명

## 현무대

50~56세 인원
400명

## 백호대

15~17세 인원
340명

이렇게 모두가 하나로 뭉친
아이즈 무사단!

아이즈 ★ ONE!!!

......

-라는 건 사무라이 나으리들끼리 알아서 하실 일이고.

우리 고장을 지키기 위해 아이즈 전체가 하나 되어 침략군에 맞서 싸우자!

백성들이 쓰잘데기 없는 사무라이들 싸움에 말려들어야 할 이유 어디?

아이즈의 무리한 천하게임 참여 때문에 무거운 세금으로 고통받던 아이즈 백성들은 아이즈 번정의 결사항전에 동조할 마음 따위 전혀 없었고.

아이즈 포에버!!

아, 이제 에바다;;

오히려 신정부군을 해방군으로 맞이하는 백성들도 있을 정도였지요.

아무튼, 신정부군의 침공을 맞아 수도 와카마쓰 성을 지키기 위한 아이즈군의 방어 태세는-

아이즈 분지를 둘러싼 산줄기가 천연 방벽 역할을 해줍니다.

아이즈 와카마쓰 성

뇌파지산

보나리 고개

이나와시로 호

나카야마 고개

저 산줄기를 통과하는
고갯길 중에,
신정부군이 쳐들어오리라
예상되는 고갯길은—

보나리 고개로 오면
닛파시강을 건너야 하니
거기로는 안 올거고.

아이즈
와카마쓰 성

닛파시 강

보나리
고개

나카야마
고개

결국 최단 루트인
나카야마 고개로 오겠죠?!!
나카야마 고개에 수비 병력
주력을 배치한다!

But, 10월 6일. 신정부군 주력 2200은
보나리 고개로 진격해 오고.

써프라이즈!

으윙!?

양동부대들

보나리 고개를
지키던 동맹군은
전습대 400을
포함한 약 800명.

아오; 어쩐지
이리 올 거 같더라;;

전습대 대장
오토리 게이스케

그래도 함
노력해보죠!

전습대의 1, 2, 3 방어 진지가 20여 문의
신정부군 대포에 의해 차례차례 뚫리고.

전습대는 궤멸당해 뿔뿔이 흩어진다.

보나리 고개를 돌파한 신정부군은
10월 7일 밤, 닛파시강에 도달.

아이즈병 몇몇이 닛파시강에 걸려 있는
주로쿠 다리를 파괴하려 했지만~

신정부군은
아이즈병들을
쫓아내고
다리를 장악.

쏟아지는 폭우 속에서
신정부군 병사들은
다리를 수리하고.

고갯길 막으러 간 아이즈 놈들이
와카마쓰 성으로 돌아와 방비를
갖추기 전에 들이쳐야제!

그렇게 닛파시강을 건넌 신정부군은—

10월 7일 밤~8일
새벽에 걸친
밤샘 강행군을 감행.

아이즈
와카마쓰 성

띠요오오옹

아니, 잡것들이
어떻게 벌써
여기까지?!

10월 8일 아침에
신정부군 선봉대가
와카마쓰 성 아래
도달한다.

고갯길 지키러 갔다가
허탕 치고 귀환하던
아이즈군은 예상보다 빠른
신정부군의 출현에 혼비백산.
급히 성으로 들어가느라
대혼란이 벌어지고.

그 와중에 번주 가타모리의 말이 신정부군
총에 맞아 가타모리가 낙마하기도.

성하 마을의 무가 가족들도
제대로 짐 챙길 여유 없이 급히 입성.

신정부군이 도달하고 성문이 닫혔을 때,
미처 입성하지 못한 이들도 많았으니.

입성하지 못한
무가 가족 290여 명이 자결.

성 밖에는 백호대
소년병들도 있었는데,

20명의 백호대 소년병들 할복.

성 밖의 무가 아녀자들
수십 명이 무장하고
신정부군 라인을 돌파해
성내 진입을 시도했지만—

죽기 싫으면 비켜라!!
이 잡놈들아!!

아니, 저기 아주머니들;
이러시면 곤란한데요;

신정부군의 총격에 섬멸된다.

아이고! 잡놈들이
치사하게 총 쏜다!!

뭐, 그런 우여곡절 끝에
와카마쓰 성에 5천여 명이
입성했단 말이지.

우리 병력은 현재
3천 정도인가.

저 5천 중에
1천 명 이상이 아녀자,
노약자고, 나머지도 태반이
부상병, 노병들입니다.

우리 병력은 조만간
3만까지 증강될 예정입니다.

뭐, 와카마쓰 성은 견고하기로 이름 높으니, 일단은 포격으로 두들겨놓자고.

수십 문의 암스트롱포와 곡사포가 포격을 퍼붓는 와중에—

탄착점 좌표 따러 가자.

성에 이리 가까이 가도 될까요?;;

아이즈 놈들, 시골 꼴통이라 원딜 똥망이니 걱정 ㄴㄴ.

꽥!!

으어어어?!?

한 방이면 충분해.

아이즈의 총포술 사범 가문인 야마모토家의 여식 야에가 스펜서 연발 소총을 들고 활약한다.

시골 꼴통인 아이즈에서
우리 가문만 좀 깨어서
군제, 무기 개혁을 부르짖었지만
뭐 이미 늦었지요.

저기, 근데;
총알 오링났는데요!

19세기 소총은 아직
종이 탄피로 충분하니
걱정 ㄴㄴ!

야에의 지도로 성내 아녀자들은
탄환과 탄약을 종이에 말아 공방전 기간
12만 발의 종이 탄포를 제작.

금속 탄피라는 건 대체 얼마나
사치스러운 물건일까요~

공성전이 계속되는 와중, 성 밖의 아이즈군
1500여 명이 성내 병력과 호응하여
작전에 나섰지만

적이 더 증강되기 전에
결전 감행!!

10월 14일,
조메이지 전투에서 성 밖 병력 와해.

뭔가 남한산성 같은 느낌이군요?

대충 이렇게 와카마쓰 성 공방전이
진행되는 와중에,
성에 들어가지 못한 우리 신센구미
인원들은 어째야할는지…

사이토 하지메(24세)　히지카타 도시조(33세)

전습대의 오토리 씨는
보나리 고개 전투에서 깨지고
그대로 센다이로 튀었고…

똘아이즈 놈들이랑
더 같이 있다가는
신정부군 총알이 아니라
암으로 먼저 가겠다 …

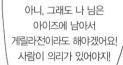

아니, 그래도 나 님은 아이즈에 남아서 게릴라전이라도 해야겠어요! 사람이 의리가 있어야지!

…뭐, 맘대로 하시도록.

난 좀더 전황이 밝은 북쪽으로 가보려고 하네.

북방 아키타에서 쇼나이군이 10전 10승! 무패행진中! 북방 신정부 편 번병들을 양학 중이라고 한다!

구보타

신조

쇼나이

센다이

니카타

아이즈

나가오카

시라카와

이제 곧 구보타城을 들이쳐서 배신자들에게 멸망의 교훈을 안겨줄 것이다!!

# End of
# 동북전쟁

1868년 9월,
아이즈는 포위되었고,
나가오카는 멸망했고,
센다이를 향해 정토군이
진격 중이다.

구보타

분명 불리한
전황이지만~

쇼나이군의
북진

쇼나이   신조

센다이

나가오카
멸망

니가타

와카마쓰 성
포위

아이즈

센다이 방면
정토군 진격

나가오카

시라카와

북쪽은
얘기가 다르지!

봇, 미드 다 터졌지만
탑에서 잘 큰 쇼나이가
멱살 캐리한다!!

구보타

9월 22일
가메다 번 항복

모리오카

9월 21일
혼조 성 함락

요코테 성

게센누마

사카타

신조

쇼나이군은 해안 루트로 1000명, 내륙 루트로 1000명씩,
두 갈래 길로 동시에 진격한다.

해안 루트의 쇼나이군은 9월 21일, 혼조 성을 함락.

이에 가메다 번이 신정부 측을 이탈, 다시 열번 동맹 측으로 붙는다.

아이고~! 저 구보타 놈들 협박에 신정부 측에 붙었던 거지, 진짜 마음은 언제나 우리 동북 형제들과 함께였습니다!!

으어;;

내륙 루트에서는 9월 20일, 유자와 전투에서 승리하고
9월 26일 요코테 성 점령.

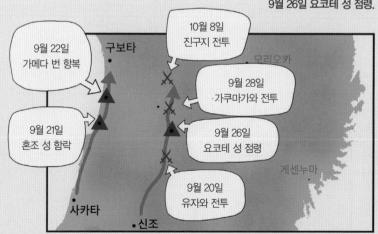

10월 8일
진구지 전투

9월 22일
가메다 번 항복

구보타

모리오카

9월 28일
가쿠마가와 전투

9월 21일
혼조 성 함락

9월 26일
요코테 성 점령

게센누마

9월 20일
유자와 전투

사카타

신조

구보타 놈들, 죽기 싫으면
구보 열심히 해라~

9월 28일 가쿠마가와 전투에서
구보타군이 76명의 전사자를 냈을 때,
쇼나이군의 피해는 부상 1명뿐.

아니; 대체 왜 이렇게
전력 차이가 심한 거지?;

일단 너네 구보타 놈들은 전장식 머스킷이나
(심지어 화승총까지) 들고 있는 데 비해,

우리 쇼나이군은 최신 후장식 라이플—
슈나이더 소총을 들고 있다는 부분에서
템 차이가 크게 나는 거죠.

장전 속도 3배.
사거리도 3배.
명중률도 3배.

아니, 저런 사기템은
뭔 돈으로 어디서
사왔대냐?!

내, 꼭 갚으리다!
(※당연히 못 갚음)

관서 장사치들에게
동북에도 돈이라는 게
있다는 걸 보여줘야죠~

당대 동북 최대
부동산·금융 재벌인
사카타의 혼마家에서
쇼나이 번에
거액을 지원해줬고.

238

그 돈으로 독일 상인
슈넬 형제가
최신 무기와 군수품들을
상하이에서 니가타항으로
부지런히 떼다준 것.

형
존 헨리 슈넬

영어 이름을
썼다

나가오카의 개틀링건도
우리가 구해다준 거죠.

당케 쉔~!

동생
에드워드 슈넬

ㅎㅎ 우리가
아리가또죠~

어;; 음;;
일단 제식부터
시작하셔야;;

프로이센식
참모본부 시스템이
효과적이라죠?

형 슈넬은 군제 개혁 고문으로
아이즈에서 모셔가기도.

(하지만 전쟁이 너무 일찍 터져서
아이즈군 개혁 프로젝트는
제대로 이루어지지 못했다)

그리고 열번 동맹 측의
대외 접근 모색에 대해
영·불·미는 철저히 외면했지만

저, 서양 님들,
내전 개입 떡밥 좀
물어보솔~

"삐뻑ㅡ! 반란군은
말 걸 수 없는 대상입니다."

독일 쪽과는
이렇게 살짝 라인이 닿아서–

아이즈와 쇼나이 측에서
주일 프로이센 공사
막시밀리안 폰 브란트와 접촉.

물론 독일은
그런 괴상한 떡밥을 물지 않았고
외세의 지원은 결국 불발된다.

**Meanwhile,**
9월 12일, 니가타항이
점령되고

니가타항에 있던
동생 슈넬이
신정부군에 체포되면서
열번 동맹의
군수품 수입 라인도
끊기게 된다.

아, 저 독일과 일본은
앞으로 친구가 될 건데,
독일 시민 사유재산은
건드리지 말아주십사─

외세의 지원도 없고;
군수품 수입도 끊겼고;

이제는 최대한 빨리
구보타항을 점령해서
구보타 번을 항복시키고
물자를 탈취하는 수밖에…

쇼나이군은
구보타를 목표로
쭉쭉 진격.

구보타

요코테 성

게센누마

신조

덕분에 구보타 번병들도 슈나이더총을 들게 되었죠.

신정부군은 구보타번을 지원하기 위해 구보타항으로 병력과 군수품을 팍팍 밀어넣는다.

그리 증강된 구보타 번병과 신정부군 지원군 수천여 병력이 구보타항을 지키기 위해 구보타 성 12km 앞 쓰바키다이 벌판에 진을 친다.

왜 구보타 성에서 안 싸우고?

구보타 성에서 싸우느라 구보타항이 불바다되면 손해 막심이잖아;;

1868년 10월 26~27일, 쇼나이 측은 해안 루트군 1000여 명으로 쓰바키다이의 신정부군을 공격.

내륙 루트군은 막혀서 못 왔지만 이 병력만으로 충분히 이길 수 있다!!

아니, 이제는 병력도, 무기도, 물자도 우리가 다 우위거든요?!

이틀에 걸친 전투 결과
쇼나이군은 100여 명의
사상자를 내며 패퇴.

여기까지인가;;
미드, 봇 똥이 탑까지
올라왔어…

탑신병자 같은 소리
그만하고 튀세요!!

라이프치히 전투
이후의 나폴레옹처럼
내선 기동
수비 작전을−

어; 지금 이 북쪽 전선
뿐 아니라 쇼나이 번
남쪽 국경도 뚫리게
생겼습니만;;

쇼나이 남쪽
요네자와 번이
일주일 전에 이미−

10월 19일 요네자와 번이
동맹 탈퇴하고 신정부 측에 공순.

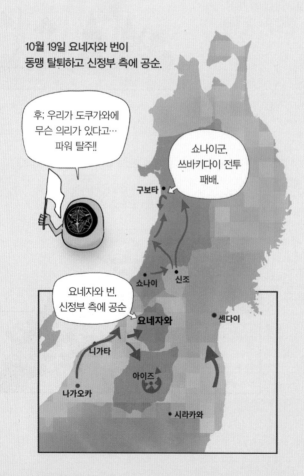

후; 우리가 도쿠가와에
무슨 의리가 있다고…
파워 탈주!!

쇼나이군,
쓰바키다이 전투
패배.

구보타

쇼나이    신조

센다이

요네자와 번,
신정부 측에 공순

요네자와

니가타

아이즈

나가오카

시라카와

배신이라니! 우에스기 이름값이 아깝다!!

쇼나이

쇼나이와 아이즈와 센다이의 중간 지점인 요네자와가 신정부 측으로 넘어가면서 신정부군의 전략적 우위가 확고해지고.

센다이

ㅋ

요네자와

너네도 얼른 항복해라. 내가 중재해줄게.

아이즈

신정부의 정토군에 맞서 싸우던 센다이 번정 분위기도 흔들리기 시작한다.

아야;; 천명은 결국 센다이에 있지 않는 것인가…

9월 말경 센다이 영내로 진입한 신정부군 병력 3천.

센다이

요네가와

후쿠시마

고마가미네

니혼마쓰

9월 26일에 고마가미네를 점령.

요즘 이유 없이 피곤한 게 왠지 백혈병 증상 같은 기분이 드는데;

기나시 세이이치로

참모 가와다 가게토모

후쿠시마 드립 자제요.

고마가미네에서 고마, 가버리는구먀;;

10월 1일과 10월 5일, 두 차례에 걸친 센다이군의 고마가미네 탈환 작전은 모두 신정부군에게 분쇄당하고.

투당
투탕
타다당

자, 이제 공순한 번병들 포함해 여기로 신정부군 1만 명이 집결할 거다!!

헉, 위험 지역에 대규모 인원 운집은 삼가주세요;;

센다이 번정에서는 항전파와 공순파 간에
치열한 논쟁이 벌어지고.

노답인데 ㅈㅈ치죠;;

아니, 우리가
동맹의 맹주인데
어찌 먼저 탈주할 수
있겠소?!

당신 할복하기
겁나서 그러는 게지?!

동북 패자의
체면이 있지!!

미국으로 튀면 어떨까요.
미국에 센다이랑 비슷한
센다이에고인가 하는
도시가 있다던데요

You've got a friend in me~♬
~You've got a friend in me~♪♬

윙?

여러분이 간절히 필요로 하는 친구가 왔습니다!!

극동 최강 갤럭시 함대 사령관! 에노모토, 급히 오다!!

오오~

10월 11일 에노모토가 드디어 함대를 끌고 센다이에 입항– 동맹군에 합류함으로서 센다이 번정에는 일시적으로 항전 분위기가 고조.

일본 최강함 가이오마루를 포함한 4척의 군함과 2척의 수송선이 2천 명의 인원을 태우고 온 것이다.

수송선 2척이라고? 원래 4척 아니었나?

아, 그게, 오는 길에 태풍을 만나서 1척은 침몰하고 1척은 좌초했지요;

쿠와아

그리 태풍을 뚫고
센다이에 들어온 군함들도
걸레짝이 돼놔서, 당분간은
수리하느라 써먹지도 못 하잖아;;

우웨에에엑

뭣보다,
전쟁 판세 다 기울어지고
겜 다 터진 이 마당에,
이제서야 동맹군 합류하겠다고
들어온 건 대체 어쩌자는 건지…

센다이가 항전과 공순을
결정하지 못하고
우물쭈물하고 있던 10월 25일
(북방에서 쇼나이군의
구보타 입성이
좌절되기 이틀 전)

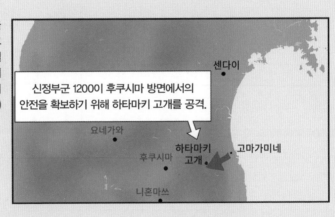

신정부군 1200이 후쿠시마 방면에서의
안전을 확보하기 위해 하타마키 고개를 공격.

센다이

요네가와

후쿠시마

하타마키
고개

고마가미네

니혼마쓰

겜 던졌냐?!ㅎ
걍 오픈 한 거임?

이 전투에서
신정부군이 7명이
전사한 데 반해,
센다이군은 46명의
전사자를 내며 패주.

으어; 이제 1만 대군이
센다이 성으로
쳐들어올 일만 남았네;

요네자와부터 시작해서
동북 여러 번들이
줄줄이 항복하고 있고;;

이 패전으로 센다이 번정의
여론은 항복으로 기울고.

아이즈는 성에 틀어박혀
죽어가고 있고,
쇼나이도 결국
물러나고 있고;;

…항복해도 개역 없이
영지만 좀 깎이고
가로 몇 명만 배
가르면 된다니까;;

…독안룡 할배는
그 크고 검은 속을 품고도
결국 제때 굽힐 줄 알았건만,
후손들은 쇠미하고 우둔해진지라
이리 뒤늦게 놓친 때를
허우적대는구나…

크흡ㅠㅠ

결국 번주
다테 요시쿠니가
결단을 내린다.

1868년 10월 28일.
센다이 번 항복.

수고하셨어요~

센다이 토벌군 총독
(귀족 바지사장) 시조 다카우타

이제
어디 어디
남았지요?

50여 문의 대포가 토해내는 2천 발의 포탄을
매일 뒤집어 쓰길 4주째인 아이즈 와카마쓰 성에서는ㅡ

아이즈 번정 내에서는 여전히 항전파가 우세했지만,
가타모리는 어쩔 수 없이 결단을 내린다.

생각건대 금후 번이 받아야 할 고난은
애당초 심상치 않고,
그대들의 충정도 본인은 잘 알고 있다.
그러나 본인은 시운이 향하는 바 견디기 어려움을
견디고 참기 어려움을 참아, 이로써 만세를 위해
태평한 세상을 열고자 한다―

크흙;
ㅠㅠ

아오 ▲#@, 애초에
교토 가서 정치 하겠다고
나대질 않았으면 이런
사달도 없었겠지…

그리하여―
1868년 11월 6일,
아이즈 번 항복.

…역적이 휙휙
바뀌는 세상
이구만요~

사이고 심복 칼잡이
나카무라 한지로가
군감으로서 항복 접수.

이리 동북 모든 번들이
항복·공순하고―
마지막으로 쇼나이 번이
11월 9일 항복함으로서―

그래도, 신정부군이 쇼나이
영토 내로는 한 발자국도
못 들어왔다는 걸 위안 삼아…

But-

굽씨의 오만잡상

동북전쟁 당시 쇼나이 번을 지원한 대지주, 거상 집안인 사카라 혼마 씨는 족보를 거슬러 올라가면 천황 가에까지 닿는 명문이라고 합니다. 하지만 막부 시절에는 귀족이나 무사가 아닌 그냥 상인 가문이었지요(번 정에 거액을 상납하고 직위를 사긴 했지만). 장사, 수운으로 크게 부를 일군 혼마가는 농민들에 대한 토지 담보 대 출 사업으로 거대한 담보 토지를 경영하는 대지주이기도 했습니다. 혼마가의 토지 경영은 매우 너그러운 것으 로, 작황에 따라 소작료 경감뿐 아니라 오히려 구제미를 나눠주기도 하고, 몇 대에 걸쳐서라도 소작농이 빚 을 갚을 경우에는 땅을 돌려받을 수 있었다고 합니다. 이는 다른 지역에서는 찾아보기 힘든 일이었으니, 동북 에서는 자작농으로 번에 가혹한 연공을 뜯기는 것보다 혼마가 소작농 팔자가 더 좋다는 이야기가 나올 정도 였다지요. 덴메이 대기근 때도 혼마가가 구제미를 푼 덕분에 쇼나이 지역에서는 아사자가 한 명도 발생하 지 않았다고 하니, 그만큼 쇼나이 번의 경제는 혼마가에 의지하는 바가 컸습니다.

무진전쟁에서 쇼나이 번이 패했을 때도, 혼마가에서 신정부에 거액을 바친 덕분에 번이 처벌을 피했고, 이 후 혼마가는 더욱 가세를 늘려 미곡 사업뿐 아니라 각종 농기구, 유통, 투자 쪽으로 사업을 확장해 나갑니다. 조선식산은행과 만주농업은행의 대주주이기도 했으니, 식민지 토지 경영에도 혼마가의 자본이 들어와 있었던 게지요. 일본이 각종 전쟁과 재해를 맞을 때마다 혼마가가 정부에 바치는 헌납액이 어마어마했던지라, 나 라에서도 혼마가에 남작 작위를 내리려 했지만 혼마가에서 정중히 사양했다고 합니다.

이리 잘 나가던 혼마가는 태평양 전쟁 후 토지 개혁으로 거대한 토지가 공중분해 되고 그 계열 자본들도 모 두 뿔뿔이 흩어지게 됩니다. 하여 오늘날의 혼마 본가는 그냥 사카라의 지방 유지 정도로 가세를 이어오고 있 습니다.

그래도 혼마가의 방계에서 설립한 혼마 골프는 크게 흥해서 사카라에 본사와 최첨단 골프채 공장을 짓는 등 잘 나갔었지요. 이 혼마 골프채는 수천만 원 대의 가격을 자랑하는 명품이었습니다만(그런 무지막지한 가격 이 문제였는지) 결국 ㄴ010년에 혼마 골프는 영업 부진 끝에 중국 자본 산하로 인수되었습니다. 그래서 트럼프 대통령의 방일 때 아베 총리가 트럼프 대통령에게 혼마 골프채를 선물한 게 작은 논란이 되기도 했답니다.

# 제14장

# 北へ

동북전쟁 전후
처리가 진행되며,
열번 동맹에 참여한
대부분의 번에서
가로들이 두세 명씩
책임지고 할복.

'가로'는 진짜
역사상 최악의
중간 관리직이죠…

과로사 아니면
가로사네.

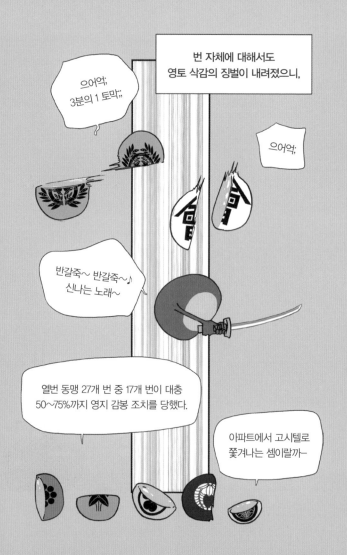

번 자체에 대해서도
영토 삭감의 징벌이 내려졌으니,

으어억;
3분의 1 토막;;

으어억;

반갈죽~ 반갈죽~♪
신나는 노래~

열번 동맹 27개 번 중 17개 번이 대충
50~75%까지 영지 감봉 조치를 당했다.

아파트에서 고시텔로
쫓겨나는 셈이랄까~

특히 아이즈 번의 전봉 조치는
'번 전체 유배'라 일컬어졌으니,

아이즈 23만 석 영지에서
북쪽 끝 도나미
3만 석 영지로 전봉.

아이즈 번사 4700여 명과 그 일족 전체가
식량도 거처도 없는 한지로 강제 이주당함에 따라,
추위와 굶주림으로 수많은 희생자가 발생했다.

전범 1호인 번주들은
모든 자리를 내놓고
가택연금,
은거의 처분을 받는다.

부하들 다 갈려나가도
다이묘는 부끄럽게
옥체를 보존하는구나…

쳇, 독일로
떠야지.

거, 그깟
전쟁일 뿐인데
선처해줍시다.

그래도 신정부군 수뇌부는
최대한 관용을 베풀기 위해
노력함.

하지만 각 지방
번 레벨에서는
좌막파에 대한 처형이
줄줄이 진행되었으니.

으엌;

선처는
먼저 처형하라는
뜻이지요?

좌막은

도막은

죽여도 돼!!

지난 10여 년간
일본 대부분의 번에서 좌막파와 도막파 간의
피로 피를 씻는 내부 항쟁으로
원한이 끝없이 적립되어 왔던바,

결국 도막파 신정부의 세상이 되고
전쟁이라는 명분까지 주어지면서
그 모든 원한에 대한 일시 청산이
이루어지게 된 것.

결국 어느 한쪽이
싹 죽어야 끝나는
원한인 것이다.

So, 동북 지방 대로변에
'역적'들의 머리가 가로등처럼
줄줄이 늘어선 풍경이 얼마간 이어진다.

흉흉한
크리스마스로군요;

그러한
지역사회 보복 학살극의 최종장은
미토에서 그 방점을 찍게 되었으니.

**미토**

에도

막말 10여 년간 미토 번 내에서
좌막파와 도막파 간에 꼬리에 꼬리를 물고
이어져온 피의 보복은—

1865년 텐구당의 난 진압 과정에서
도막파에 대한 좌막파의
대학살로 정점을 찍었고.

《본격 한중일 세계사》
6권 3장 참조.

1868년, 막부가 무너지며 도막파 천하가 오자, 좌막파들은 보복을 피해 미토를 탈출해야 했다.

자, 이제 누가 역적이지?!

큭;; 텐구당 놈들, 싹 다 죽였어야 했는데;;

동북전쟁 종결 후, 열번 동맹에 참여했다가 돌아온 좌막파에 의해 1868년 11월 말, 쇼세이당의 난 발발.

전쟁에는 졌지만 마지막 발악은 하고 죽어야겠다!!

미토 번 내 여러 마을이 쑥대밭이 되고, 진압 과정에서 좌막파 일족이 학살당하며 연쇄 보복의 마침표를 찍게 된다.

이 원한의 연쇄에 종지부를 찍자!!

미드나이트 미토 트레인이다!

유신의 이념적 근간인 미토학의 발흥지이며 일본 제일 유생의 고장이었던 미토는 연쇄 보복 학살로 유생의 씨가 말라, 이어지는 새 시대에 별 지분 없이 몰락하게 된 것이다.

도막과 좌막의 쓸데없는 이념 대결이 빚어낸 학살극들. 이 얼마나 안타까운 동족상잔의 비극이란 말입니까!

음…

So, 이런 비극이 계속되지 않도록 좌막파들을 모두 홋카이도로 보내시죠!!

윙?

일본 본토에서 머물 자리를 잃고, 그대로 두면 트러블만 일으킬 좌막파, 막신들!

아무도 가기 싫어하는 홋카이도로 이들을 보낸다면
이들은 홋카이도에서 제자리를 찾고,

부지런한 개척민, 둔전병이 되어
일본의 영역 확대와 북방 안보에
크게 기여할 것입니다!

영국도 호주에 죄수들
보내서 땅 개척했다죠.

So, 좌막파·막신들의 홋카이도
개척 특허를 신청하는 바입니다.
허가만 해주시면 저희는 홋카이도에
얌전히 처박혀서 신정부에
충성을 다하겠습니다.

제가 이 구상을 위해 전쟁 기간,
신정부군 쪽에 대포 한 방 안 쏘고
얌전히 있었다는 걸
평가해주시길.

개소리 집어치워요!!
역적이 어디서 감히 거래 수작질?!!!
당장 에도만으로 돌아와서
함선 다 인계하면 목숨만은
살려줍니다!

으어;

하아~뭐, 그러면 완력으로 밀어붙여서라도 허락을 받아내야겠구만요~

에노모토 함대는 센다이 항복 후 한 달 동안 센다이만에서 인원과 물자를 모으고—

센다이만

센다이 선박 3척도 합류했지요.

가자! 네오 막부!!

네이밍 에반데

센다이 번 항복 한 달 후인 1868년 11월 25일,

에노모토 함대(함대 인원 천여 명)는 동맹군 잔당 2천 500여 명을 싣고 센다이만을 뜹니다.

배에 오르지 못한
지원자가 1천여 명.

으어; 티켓
예매했는데;;

그중 150여 명은 뒤쫓아온
신정부군에게 잡혀 처형당합니다.

버스 놓친 대가가
너무 심한데;;

함선 5척과 수송선 5척에
3500여 명의 인원을 싣고
홋카이도로 향하는 에노모토 함대.

그 주요 인원은
일단 구 막부 해군 일당,

근데 이제 연료
보급은 어찌할지?

석탄은 하코다테
저탄소에 가득 있을 거고.

| 가이오마루 함장 | 군함 두병 | 해군 부총재 | 가이텐마루 함장 |
|---|---|---|---|
| 사와 다로자에몬 | 아라이 이쿠노스케 | 에노모토 다케아키 | 마쓰오카 반키치 |

어쩌다 따라온 높으신 분들,

나 님은 가타모리 형님
따라서 1급 전범이라지만,
영감님들은 대체 왜
이 배 타신건지?

눈 떠보니
배 안.

대게
먹고싶다고.

| 구와나 번주 | 가라쓰 번주 | 빗추 마쓰야마 번주 | 막부 부로주 |
|---|---|---|---|
| 마쓰다이라 | 로주 오가사와라 | 로주 이타쿠라 | 나가이 나오유키 |
| 사다아키 | 나가미치 | 가쓰키요 | |

막부 육군,
막신 잔당.

나,
새우 알레르기 있는데
대게 먹어도 됨?

키토산 알레르기는
공통이니까 대게도
먹으면 안 됨요.

| 육군 봉행 | 보병 봉행 |
|---|---|
| 마쓰다이라 다로 | 오토리 게이스케 |

그외 신센구미,
창의대, 유격대,
뭐뭐대 등등 잔당.

으어;
조폭이다;;

신센구미 부장
히지카타 도시조

창의대 행장
시부사와 세이이치로

본국 철수 명령을 씹고!
프랑스인의 의리를 천하에
보여주기 위해 이리 무급
자원 봉사로 따라왔지요!

근데 이거
탈영인데
괜찮을까?

그리고 막부에 파견나왔던
프랑스 군사 고문단 中 10명.

육군 대위 쥘 브뤼네

황제가 기분파니까
괜찬 괜찮.

이들이 향하는
홋카이도는 현재
99% 미개척지.

일본인과 아이누는
친구 아이누!?!
때리지 말아달라누!

홋카이도 남쪽 끄트머리 오시마반도에만
일본인들이 살짝 들어와 살고
거기에 마쓰마에 번이 들어서서
아이누와의 교역으로 먹고살았다.

맞기 싫으면
상납 기일 제때
맞추라고~

훗카이도 개척을 위해 막부가
동북 여러 번들에게 관할 지역을 배정해줬지만
그냥 지도에 선만 그어놓은 수준이고,
거의 손도 못 대고 있는 현실.

땅 줄 테니
가서 개척 좀
해라!!

눈 알레르기가
있어서리;

곰이 무서워요.

오시마반도의 동쪽은
막부 직할령,

모리마치

막부 직할령

하코다테

마쓰마에 번

마쓰마에

그곳의 주요 개항장인 하코다테에 서양인들이 자주 드나든다.

그런 고로 북방 방어를 위해
막부는 하코다테에
최신식 요새를 축성.

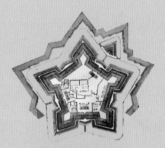

# 五稜郭
## 고료가쿠(오릉곽)

하코다테의 서양식 요새
고료가쿠 완공은
무진전쟁 2년 전인 1866년.

시국이 난세지만,
고료가쿠도 예쁘고,
하코다테 라멘도 맛있죠!

막부 해체 후, 하코다테는 신정부가 접수.
하코다테 지사가 고료가쿠 성내
하코다테 정청에 파견되어 있다.

**하코다테 지사
시마즈다니 긴나루**(공경 귀족)

나으리!! 역적 놈들이
몰려옵니다요!!

하코?!!

에노모토 일당은
하코다테의 방비를 피해
북쪽으로 우회.

모리마치

하코다테

마쓰마에

1868년 12월 3일, 모리마치에 상륙한다.

이제 대게 다
조졌다ㅋ

맞서러 나온
소수의 경비 병력을
손쉽게 제압.

이에 12월 8일, 신정부 하코다테 정청은
성을 버리고 본토 아오모리로 철수.

12월 9일, 구 막부군은
고료가쿠에 무혈 입성.

이어서
마쓰마에 놈들도
굴복시켜야지!

모리마치

하코다테

마쓰마에

12월 18일,
구 막부군,
함선을 동원해
마쓰마에를 공격.

마쓰마에 번정은 성을 버리고
본토 아오모리로 도주한다.

전국시대도 비껴간
이 동네에 결국
전쟁의 불꽃이···

12월 21일,
하코다테의 서양 외교관들이
하코다테 정청을 방문.

저 무장 단체 놈들이
어떤 놈들인지
간 좀 보고···

항구 이용하는 데
전쟁 불똥 튀지 않도록
조치해야지~

메리 크리스마스~!
우리 일행은 이제 서양 문명국들을 본받아
선거로 지도체제를 구성하려고 합죠!

에노모토는
네덜란드에서 익힌
서양 예법과
지식으로
서양인들을
극진히 대접한다.

이에 서양인들은 좋은 인상을 받고,
에노모토 일당을 '사실상의 정권'으로 인정.

머, 반군이긴 하지만,
일단 이 지역을
지배하는 건
사실이니까~

사람도 아주
문명개화 했고 말야.

자, 국제법을 디비파보면
저 '사실상의 정권'을
써먹을 수 있는
방법이 있을 것…

마쓰마에 번 잔당이
에사시조에서
저항하고 있다는데요!

뭔 걱정이겠소이까!
함선을 보내 위력을
과시해주죠!

모리마치

에사시조

하코다테

마쓰마에

12월 25일,
가이오마루가
에사시조 해안에서
함포사격 개시.

에사시조 앞의 마쓰마에 잔당은 곧
항복했지만 문제는—

에사시조 앞바다의 암초 밭에서 풍랑을 맞은 가이오마루는—

곧 좌초해 침몰한다.

…최강 결전 병기를
이리 허무하게 잃었으니;;

신정부군이 함대를 꾸려 올라오면
상대할 방도가 없겠소이다;;

· · · · ·

아니, 진짜 결전 병기는
사실 따로 있습니다…

프랑스제
최신 철갑함 스톤월!
그 괴물을 우리가 인수할
정당한 권리가 있지요!!

# CSS Stonewall

# 석벽갑철

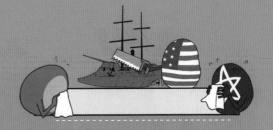

여러분의 소중한 한 표가
에조의 미래를 결정합니다.

1869년 1월 27일,
에조섬 정부 구성 선거

1869년 1월 27일, 홋카이도의
막부 잔당은 정부 구성을 위해
일본 최초로 선거를 실시.

본인 방금
민주 공화국 시민 된
상상함. ㅎ

그 무리 중 무사, 장교 계급 856명에게
선거권이 주어진다.

신분과 출신이 각양각색인
집단이라, 전통적인 방식으로는
지도부 구성 정리가 안 되거든요.

선거 결과 에노모토가 156표를 얻어
에조섬 정부 총재로 취임.

뭐, 당연한
결과죠!

해군 표는 결집했지만
육군 표는 분산됐거든요…;
뭐 언제 선거를 해봤어야지;;

부총재 마쓰다이라 다로 등,
군과 관의 여러 직책도 정해지며
에조섬 정부가 구성된다.

하지만 에조섬 정부는
하코다테 백성들에게는
인기가 없었습니다.

갑자기 뭔 군벌 같은 놈들이
쳐들어와서 주인 노릇하는데
좋게 보이겠냐고요.

멋대로 통행세 같은 걸
만들어서 세금을 배로
수탈해가질 않나.

치졸하게 기녀들한테까지
영업세를 걷고 말이죠.

그래도 서양인들은
꽤 호의적인
반응을 보입니다.

선거로 정부를 구성하다니
겁나게 문명개화
하구마잉!

에조 공화국이여,
에조 공화국!

Republic of Ezo!

서양인들이 에노모토 일당의 에조섬 정부를 에조 공화국이라
부른 덕분에 그 명칭이 후대까지 널리 알려졌지만~

# 蝦夷共和国

어휴 독립 공화국이라뇨;
그런 허무맹랑한 헛소리에
누가 혹하겠습니까;;

'에조 공화국'은 실제로는
전혀 쓰인 적 없는 환상의 명칭.

에노모토 일당은 어디까지나 구막신·좌막파의
에조 개척 특허를 얻기 위한
무력 시위 중이라는 것이 공식 입장이었기에
에조 공화국이니 뭐니 하는
숭한 소리 하덜 말어 모드.

But, 서양인에게는 우리가 신정부에 대항하여 일어선 독립적인 지방 정권임을 어필할 필요가 있는 게 사실이니—

국제법상 교전단체로 인정받고 서양의 이런저런 지원도 꾀해볼 수 있도록 말이죠.

뭣보다— 저 철갑함 스톤월을 손에 넣기 위해, 우리가 정통성 있는 '정권'임을 어필해야 하는 것!!

바위처럼 단단하게!!

스톤월은 남북전쟁 당시 남부 연합이 프랑스에 주문하여 건조한 철갑함.

**돌벽 잭슨 장군**

남부의 명장 스톤월 잭슨 장군의 별명을 따서 스톤월이라 명명했지요.

Stone wall?! 함선의 장갑을 석재로 해달라는 의미인가?!

1864년 10월,
보르도의 라르망 조선소에서
스톤월 완공!

함선 전체에 두른
10~14cm 철갑은 현존하는
어느 함포로도 뚫을 수 없죠.

함포로 철갑을 뚫을 수 없던
시대였기에 충각이 필수 옵션.

이리 유려한 곡선 형태로 철갑을
조립해낸 건 참으로 세계 제일
프랑스 조선 기술의 과시랄까~ㅎ

아오!!
뭘 자랑스러워 하고 있어!
반군에 무기 팔지 말라고!!

그러나 미국의 항의로 남부 연합에
함선 인도가 지연되고

어; 음;;

그 와중에
덴마크가 끌고가서
꿀꺽할 뻔하기도 했지만-

띱~!

아! 좀!
물건 배송 좀
똑바로 합시다!!

결국 남부 해군 인원들에 인계되어
아메리카까지 가긴 갑니다.

하지만 스톨월은 결국 남부 연합 항구에 닿지 못하고
쿠바에서 남북전쟁 종전을 맞이하게 되고.

올레~!

쿠바 아바나의 스페인 현지 함대에 헐값에 넘어갑니다.

남부 연합의 자산은
다 연방에 귀속된다.

이를 다시
미국 정부가
그 가격 1만 6천 달러에
되사들임.

그리고 1867년,
막부 방미 사절단이
스톤월 구매에
나섰으니

얼마죠?

…3…아니
4만 달러요.

3만 달러를
지불하고,
잔금 1만 달러는
함선 인도 후에
치르기로.

꾀꼬닥~

그런데 함선 인도 전에
막부가 망함;;

헐;;

이제 우리가 일본 정부입니다! 일본으로 보낼 물건은 이쪽으로 다 보내시면 됩니다~

신정부는 원 계약자인 막부를 멸망시킨 놈들! 막부의 유지는 저희가 잇고 있습니다!

이에 신정부와 열번 동맹(& 구 막부 함대)이 서로 스톤월에 대한 권리를 주장합니다.

흠음 …

둘 다 이 함선이 자기 아이라 주장하니, 그냥 반으로 갈라 나눠 갖도록 하여라.

······

흑, 어쩔 수 없죠. 반쪽이라도 잘라주세요.

반으로 자른다면 엔진 쪽은 우리한테 주십시오.

허허, 반으로 가르는 데 주저 없는 걸 보니 둘 다 아이 엄마가 아니로구나.

그렇다면 어쩔 수 없이 미국은 계속 중립을 지켜, 어느 쪽에도 함선을 주지 않겠노라…
(돈도 안 돌려줌)

아니, 거 되도 않은 중립 드립 치지 마시고 재깍 신정부에 함선 넘기시죠!

외국 사무 어용계
**무쓰 무네미쓰(25세)**

료마의 해원대 출신

소위 '중립'이라는 외국들이 반군을 합법 정부처럼 취급해주는 더러운 짓거리 때문에 미국이 남북전쟁 때 골치 썩지 않았습니까?!

그리고 원 계약자인 막부도 모든 함선을 신정부에 양도하기로 약조했습니다!

무쓰 무네미쓰의 끈질긴 교섭 결과, 미국은 스톤월을 신정부 측에 넘기기로 합의.

ㅇㅋ. 근데 함선 인도받으려면 잔금 1만 달러 내셔야...

잔금 1만 달러는 무쓰가 하룻밤 만에 오사카 시내를 한 바퀴 돌며 상인들에게서 조달해서 지불했다고 한다.

그래, 뭣보다 저 역적 놈들은 이 잔금 낼 돈이 없습니다.

이에 1869년 3월 15일,
스톤월은 신정부 측에 인계되어
고테츠라 불리게 된다.

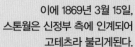

아아!
갑철함!
고테츠(甲鉄)!

으어;
안 돼에에
;;ㅁ;;

(철갑함을 갑철함이라고 불렀다) **甲鉄**

이 고테츠를 중심으로
함대를 조직하고 병력을 모아서-

일단 거친 겨울 바다를 피해
봄, 벚꽃과 함께 에조에 들이친다!

크읔; 니가 타는 그 배,
그 배가 내 배였어야 해.
ㅠㅠ

무슈 에노모토!
그리 애만 태우지 마시고,
우리 군사 고문단의
조언을 들어볼 시간입니다!

저희 프랑스 해군에는 예로부터 이런 경우에 써먹는 비장의 병법이 전해 내려오고 있습니다.

?!

그것은 바로 아보르다지!

*ABORDAGE!*

상대 선박에 접현하고 병력이 그쪽으로 넘어가 배를 탈취하는 전법입니다!

à l'abordage!

사실 해적 용어지요.

So, 백병전에 능한 신센구미, 창의대, 유격대, 뭐뭐대, 등등의 병력을 동원해 스톤월을 탈취하는 작전을 진행합니다!

오오!!

왜구 아니 사무라이 다운 작전이다!!

이를 위해
가이텐, 반류, 타카오
3척의 함선에
병력을 싣고 5월 1일
하코다테 출항.

목적지는 신정부군 함대가
집결해 있는 미야코만.

하코다테

마쓰마에

아오모리

아키타

미야코

신정부군 함선 5척과
수송선 3척이
모여 있다고 한다.

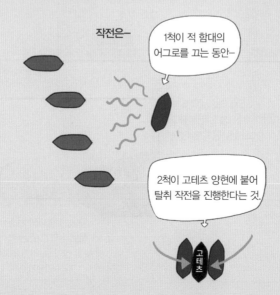

작전은-

1척이 적 함대의
어그로를 끄는 동안-

2척이 고테츠 양현에 붙어
탈취 작전을 진행한다는 것.

고테츠

**BUT,** 작전은 시작과 함께 어그러졌으니

풍랑을 맞아 반류마루는 길을 잃고 이탈,
타카오마루는 기관 고장으로 낙오.

일본 바다는 진짜
에노모토를 싫어하는 듯;

결국 가이텐마루 한 척으로
작전을 결행하게 된다.

미야코항

무사가 일단 칼을
뽑았으면 사과라도
깎아야지!!

5월 6일 새벽 5시,
가이텐마루는 성조기를 달고
고테츠 곁으로 접근.

으음;; 적함대의 기습
첩보가 있긴 했는데;;
달랑 한 척이 올 리는 없으니
저건 아닌가...

가이텐은 고테츠와
얼굴을 맞대는 순간
성조기를 내리고
일장기를 게양하며 바로
고테츠를 들이받는다.

우와아아악?!

쿠지끈

(가이텐이 수륜선이라
현측으로 접현하지 못하고
뱃머리로 받는 수밖에
없었다)

아보르다쥐!!

배를 내놓으면
목숨만은 살려주마!!

해, 해적이다!!

가이텐의 뱃머리와
고테츠 갑판의 높이 차이가
3m 넘게 나서
많은 병력이 넘어가지 못하고
7명 정도만 넘어갔다고.

갑판에서 칼질하고
뱃머리에서 엄호사격 하고,
치열한 백병전, 총격전이
진행되던 와중에—

19세기 대명 천지에
이 무슨 야만스러운
전술이란 말인가!!

구롸롸롸
롱쾅쾅쾅

고테츠에 실려 있던
개틀링건이
불을 뿜으며
전황을 제압.

다른 신정부군 함선들도
지원을 위해 다가오자
결국 가이텐은
작전을 포기.

미야코만 해전은 이렇게 30분 만에
가이텐마루의 패주로 끝난다.

구 막부군은 가이텐마루 함장 고우가 겐고의 전사를 비롯,
25명의 사상자를 냈고, 신정부군 사상자는 7명.

이 싸움을 옆에서 지켜보던
신정부군 함선 가스가마루에서는ㅡ

도고 헤이하치로는 훗날 미야코만에 미야코만 해전 기념비를 세워
저들의 감투 정신을 기린다.

전투 후,
가이텐과 반류는
무사히 하코다테로 귀환했지만
엔진이 고장났던 타카오는
결국 배에 불을 지르고
95명의 인원이 신정부에 항복.

미야코만 해전 5일 후, 신정부군은 함선 6척과 수송선 5척,
지상 병력 9천으로 홋카이도 원정을 개시한다.

# End of
# 하코다테 전쟁

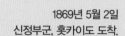

1869년 5월 2일
신정부군, 홋카이도 도착.

5월 2일~12일에 걸쳐
오토베와 에사시에
상륙한 신정부군은
3갈래 루트로
하코다테를 향해
진격 개시.

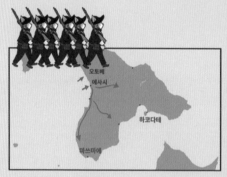

후타마타구치 방면에서는
히지카타가 이끄는
400여 구 막부군이
신정부군 800을 막아서고,

기코나이 방면에서는
오토리가 이끄는 500여 병력이
신정부군 1600을 막아선다.

5월 28일, 신정부군은
함포사격에 힘입어
구 막부군을 쫓아내고
마쓰마에城 탈환.

야후라이

마쓰마에

기코나이에서 야후라이로
후퇴했던 오토리軍은
6월 9일, 신정부군의
함포사격을 동반한 공격에
160여 명이 전사하며 패퇴.

쿠와이!

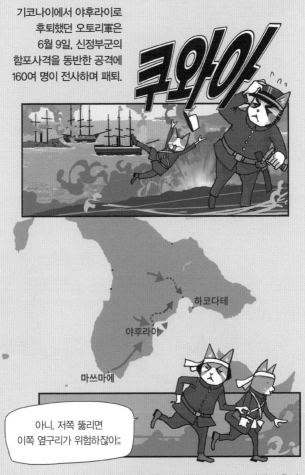

하코다테

야후라이

마쓰마에

아니, 저쪽 뚫리면
이쪽 옆구리가 위험하잖아;;

이에 히지카타軍도 후타마타구치에서 하코다테로 후퇴.

6월 10일에는 구 막부군 함선 치요다카타가 신정부군에 의해 나포.

그렇게 신정부군은 해륙 양 방면에서
하코다테 부근으로 집결하며
총공격 태세를 갖춘다.

작전 총괄 구로다 기요타카

구 막부군 진영의
프랑스 군인들에게 철수 명령.

○○. 프랑스 군인이 여기서
일본 정부군에 맞서다 죽으면
외교적으로 곤란하니까
너네도 다 빠지도록.

··· 이쪽 팀 패망 직전에
우리만 쏙 빠지는 건
너무 가오 빠지는데요;;

지금 나라 사정이 일뽕 놈
가오나 챙겨줄 여유 없다.
당장 귀국하도록!

6월 11일, 브뤼네와
프랑스인들은
하코다테를 떠난다.

무슈 에노모토~!
당신, 전쟁에는 별로
소질 없는 거 같아요~

아듀~ 느그도
별 도움 안 됐어요~

6월 16일에는 구 막부군 함선
가이텐마루 좌초.

고테츠를 제압할 뻔
했던 영웅함이···ㅠㅠ

크흡

이제 함선 한 척 남았나;;

6월 20일
신정부군,
하코다테
총공격 개시.

시료가쿠

고료가쿠

벤텐다이바
포대

하코다테

하코다테 시내 제압은
순조롭게 진행 중입니다.

시내 가옥 900여 채를
태워먹는 게 순조로운 거냐…

신정부군 함선들이 만 내로 진입해
함포사격을 날리는 와중에,
구 막부군의 마지막 남은 함선 반류마루가 반격.

펑

크앆! 아무나
맞아라!!

반류마루의
럭키 샷 한 방이
신정부군 함선
초요마루의
탄약고를 직격.

초요마루 굉침.
승무원 86명 전사.

우와아악?!

꾸궁

우와아아!!!!!

와따시부레!!!!

단번에 사기가 오른 구 막부군은 반격을 시도.

이 기세를 타고 돌격!!

히지카타는 벤텐다이바 포대 지원을 위해 돌격에 나선다.

BUT 곧바로 피격.

크억;;

"이 몸은 에조섬
땅끝에서 썩을지라도
혼만은..."

1869년 6월 20일, 히지카타 도시조 전사(향년 34세).

하코다테 시내가
제압당하고,
해안에 근접한 신정부군
함선들의 함포사격이
고료가쿠에
쏟아져 내린다.

신정부군 야매
해군 놈들도 이제는
제법 꼴을 갖췄구나;;

6월 21일, 구로다는
고료가쿠에 항복 권고를 보낸다.

이 술도 같이
전해주시구랴.

전장에서 구 막부군,
신정부군을 가리지 않고
부상자는 모두 거둬
치료하던 구 막부 측 의사
다카마쓰 료운이
중간 메신저 역할.

아니, 그리 쉽게
항복할 수는 없고…

네덜란드에서 가져온 이
국제법 서적들이나 그쪽에
전해주시오. 전투 와중에
불타 없어지지 않도록.

원, 이리 귀한 책들을
챙길 줄 아는 사람이라니,
참으로 훌륭한 인재가 아닌가!

구로다는 에노모토에게 호감을 갖게 되고.

6월 26일,
양측의 항복 협상 회견.

홋카이도 개척이
안보, 경제를 위한
백년대계죠!

○○.
백년대게
맛있죠.

구로다와 에노모토는
서로 죽이 잘 맞아
의기투합.

아무튼, 패장으로서
나 님과 수뇌부가 배를 가를 테니
부하들에게는
죄를 묻지 말아주시기를―

ㄴㄴㄴㄴ~ 우리가 가를 배는
대게 배딱지 뿐입니다!
강 무조건 항복하시면
그쪽 전원 사면받도록
이 구로다가 힘써보리다!

물론 끝까지 항복을 거부하고 저항하며
최후를 맞이한 이들도 있었지만.

항복할 거면 진작에 동북전쟁
전장에서 항복했겠지!!!
뭣하러 이 땅끝까지 왔겠냬!!

나카지마 사부로스케

6월 27일,
에조섬 정부가 항복을 선언하고
고료가쿠에서 퇴거하면서 전투 종결.

이 모든 게 다
뭔 뻘짓이었을까…

에조 공화국이라는
그럴듯한 얘깃거리를
남기게 됐잖수.

하코다테 전쟁
1868년 12월 4일
~ 1869년 6월 27일.

신정부의 승리!
하코다테 전쟁은 신정부의
승리로 끝났습니다.
이겼다! 오늘 저녁은 대게다!

이렇게 무진전쟁의
마지막 국면인 하코다테 전쟁도
마무리되었습니다.

무진전쟁의 진행.jpg

이렇게 일본 전국을 휩쓴 천하결전 치고는 전사자가 그리 많지는 않아서.

1년 반의 전쟁 기간, 전사자의 총합은 9천여 명 정도입니다.

9천? 중국에서는 그냥 동네 패싸움급 전투 1회 분량인데?!

하지만 공식 전사자 외에 전쟁 기간 정치 보복에 의한 희생자가 부지기수였고

전쟁 지역 백성들의 희생 또한 가볍지 않았으니.

양측 군에 의한 약탈, 방화;;

적성 지역 마을에 대한 소개;;

작은 지역사회
시스템 붕괴로 인한
기아, 질병 등등.

짧은 전쟁이었지만 사람
굶어 죽기에는 충분한 시간이죠.

So, 무진전쟁으로 인한
동북 지역의 상흔은 20세기 들어서야
전쟁 이전 수준으로 회복될 수 있었다고
말해질 정도입니다;;

동북 지역 향촌 사회의 피폐가
특히 막심했던 건, 전쟁 이전부터
동북 번들이 무리한 군비 확충을 위해
농촌을 쥐어짜, 백성들의 삶은
이미 붕괴 직전이었고,

천하대의를 위해!
무사도를 지키기 위해!

개뿔:#$

신정부에 의한
동북 번정들의 타도 이후에도—

신정부는 연공
반액으로
감세해드립니다!!

으엑;

으잉?!!

302

헐? 신정부는 백성들 세금을 반으로 깎아줬나요?!

신정부가 재편한 지배체제하에서 세금은 줄기는커녕 더 늘어난다.

아니, 강 전쟁 기간에 민심 얻으려고 아무 말이나 막 던진 거임.

전후 재건을 위해서는 더 많은 노력이 필요하지!

. . . .

연공 반액 공약 이행하라!!

하여 전후에도 동북 여기저기서 크고 작은 민란이 속출합니다.

아이즈 같은 경우에는, 전후에 신정부가 아이즈 번정의 촌락 관리인들을 그대로 기용했는지라―

새 주인님께 충성 충성~

아니, 저놈들은 백성들 고혈을 쥐어짜던 부패 관리인들이라니까요!!?

아이즈 번 항복 직후 농민들에 의한
아이즈 야야 폭동 발발.

이러한 민란들이
계속 이어지면서
신정부는 동북 지역을
반역향으로 취급하게 된다.

그리고
동북의 황폐한 들판 위에서
각오를 다지는 한 소년.

도조 히데노리(14세)

정ㅋ 벅ㅋ

그런저런 연유로, 동북은
정복전쟁 수행국가로서의
일본제국이 최초로 정복한
땅이라고 여겨질 만하지요.

이렇게
내전—정복을 통해 성립되고,
이후로도 크고 작은 저항을
무력으로 누르고 가야했던
신정부이기에—

크읏!! 군대가 필요하다!
조낸 강한 군대가!

So, 강력한 육군 건설이
처음부터 당연시되었던 것.

섬나라인데
굳이 강력한
징병제 육군을?

대육군 건설!!
국내 문제뿐 아니라
장차 위대한 제국 건설을
위해서도!!

영국은
그런 징병제 육군
안 굴리는데요;;

신정부가 추구하는 모델이
영국인 편이 좋지 않을까요?
신정부의 앞날을 위해–

거 뉴비 냄새나게시리
'신정부' '신정부'
거리지 마라.

이 정부의 통칭은

# 메이지 정부!!!

그 대업은,

# 메이지유신!!!

시대는 바야흐로

# 메이지시대

Begins다!

제 1 7 장

# 막부는
# 왜 망했나?

메이지유신이라고 하면—

봉건 일본이
서구화·근대화에 성공해
일본제국을 건설한 이벤트라는
느낌이 있는데,

초진화!
일본제국!!

기실 메이지유신은
레짐 체인지라는 전반부와
서구화·근대화라는 후반부로
진행된 이벤트지요.

막부토멸!!

문명개화!!

일단 1868년 시점에서
유신이라고 하면, 당연히
레짐 체인지만을 뜻하는 말이었죠!

근대화가 어떻게
진행될지는 아직
알 수 없으니…

So, 일단 여기서 메이지유신에 대해
이야기할 부분은 저 레짐 체인지 부분.

좀더 구체적로 말하자면
'막부는 왜 망했나'입니다.

# 긴급 대담! 막부는 왜 망했나?!

## 1. 무사 계층의 체제 이반

막번 체제의 기반은-

250만 사무라이의
대부분을 차지하는
하급 무사 계층.

그 무사들의 체제에 대한
불만 폭발이 결국 막부 멸망으로
이어지게 됩니다!

철저한 세습 사회에서
정치 참여, 고위직으로의 길은
하급 무사들에게 철저히 닫혀 있었고.

병농분리 정책으로
무사들의 토지 소유도 금지,
장사 비즈니스도 금지.

체제의 기간이자 엘리트인 士계층의 부와 권력에 대한 접근을 이토록 철저하게 봉쇄한 사례는 세계사적으로 유례를 찾기 힘든 것.

아니, 어떻게 저렇게 사는거?

애초에 병사로 취급해서인가…

조선과 중국의 士계층은 향촌에서 대토지를 소유한 지주로 떵떵거리며 부를 누리고,

땅은 거짓말하지 않는 법이죠.

과거 시험을 통해 고위직에 접근할 수 있었기에, 그들은 체제에 끝까지 충성을 바쳤습니다.

비록 바늘 구멍이지만.

하지만 막부는 士계층의 부와 권력에 대한 접근로를 모두 봉쇄한 채, 무조건적인 충성만을 요구했으니.

처우 개선 좀 안 될까요?

무사도 정신이 부족하구만!!

하급 무사들의 체제에 대한 불만은 레짐 체인지를
정당화해줄 이념적 대의의 추구로 이어지게 됩니다.

## 2. 유교 확산과 반체제 이념화

사무라이 사회의
이념화가 그리 진행되면서
대의명분 헤게모니 쟁탈전에서
막부 측이 밀리는
형국이 굳어지고.

임금께 충성하고
오랑캐를 몰아내자!!
이거 반박 가능?

어;; 음;;
사무라이는 무조건
쇼군에게 충성을 바쳐야;;

어~?
어~?;;;

공기를
읽어라!!

유교적 명분을 앞세운
천하 대세 공기의 흐름에
막부는 어~어~ 하다가
말리고 만 것입니다.

## 3. 도막 세력의 실력

사회 분위기와 대의명분이
어떻든 간에, 결국 결판을
낸다고 하면 무력 대결로
결판내게 되는데~

크앗!!
하급 무사들 불만이든,
뭔 유교적 대의명분이든
막부가 힘으로 눌러버리면
그만이지!!!!

· · · ·

이제 현실 파악이 좀 되십니까?

아오, 이런 물덩치 허깨비한테 250년간 굽신거렸다니.

. . . .

그 무력 대결에서 막부는 도막 세력에게 실력으로 발렸습니다.

이는 도막파 번들인 도자마 번들의 강고한 미니국가 체제 덕분이랄 수 있습니다.

하나로 뭉쳐 있는 땅덩어리! 대대로 엮여온 가신단! 한 문화권인 지역 사회!

우리 번, 우리 패밀리!! 운명 공동체!!

번주에서 백성에 이르기까지 기백 년에 걸쳐 소속감을 고취해온 이들 웅번은―

막부 말기에 이르러 강력한 부국강병 정책을 추진, 미니 국가로서 강력한 힘을 갖게 되었습니다.

식산흥업!

군비 확충!

교육입국!

이에 반해, 천하의 3분의 1을 점하는
천령(막부 직할령)의 사정은―

검은색 땅들이 다
천령.

여기저기 흩어져 있는 영지들에
하나의 소속감은 존재하지 않았고,

너네가 누군지
관심 없고,
세금이나
바쳐라.

뉘신지
모르겠지만
아무튼 수탈자.

이를 관리하는 막부 공무원들에게서도 어떤
지역적·인적 소속감, 결속력은 찾아보기 힘든 것.

도쿠가와 가문의 친위대인
막신들은 일본판 만주 팔기化된 지 오래.

야, 너두?!

이! 나두!

막부에 충성하는 신번,
후다이번 다이묘 가문들 상당수 또한,
오랜 세월에 걸쳐 수익성 높은 땅들만 골라
스왑을 거듭해온 결과.
하나의 땅덩어리가 아닌
여기저기 분산된 형태로 영지를 소유.

지역별 노른자위 땅만 골라
담은 포트폴리오지요~ㅎ

당연히 한 덩어리 미니 국가로서의 운영을 기대할 수 없다.

그래도 천령이 다른 번들보다
세금 부담은 낮았다니까요~

결국 막부 측
세력의 흐물흐물한
영지 조직력,
물적 기반은—

꼬마 군국주인 웅번들에게
여지없이 털리게 되고 만 것입니다.

속이 꽉찬 웅번!
99.9%!!

흐물흐물

으어어어어어

# 4. 민력의 성장

근데 번주에서 백성까지 하나로 뭉친 웅번의 힘이라니… 천하 대세에 백성들도 중요한 고려 요소가 된 건가?

○○, 이 시대의 흐름에는 백성들의 힘이 중요한 역할을 했지요.

민초여 자라라~♪ 더 높이 날아라~♬

우선 에도시대의 상인 계층의 성장이 얼마나 대단했는지는 조닌 문화의 화려함으로 익히 알고 계실 터.

백화점 개설! 가부키 극장 오픈!

다이묘들도 상인들 돈으로 번정을 꾸려갔지요!

막번 체제하에서 농노 처지인 농민들이

무라 공동체를 통해 힘을 모으고,

도시뿐 아니라 농촌에서도 부의 집적이 이루어집니다.

생산력 확대를 이루고,

교육에 눈을 뜹니다.

그 과정에서 지주가 되어 부를 일군 부농들이 출현,
농촌의 촌역을 맡으며 지역 유지로 대두합니다.

선진 농법 도입하고,
환금작물 재배하고,
돈 꿔주고 땅으로 받고,

아니, 토지 매매 금지 법령이
있었다면서, 어떻게 지주가
출현할 수 있는 거죠?

전근대 사회의 토지 소유는
현대의 소유 개념처럼
딱딱 맞아떨어지는 게
아니었습니다.

왕토사상처럼 기본적으로
번이 모든 토지의 소유주라는 관념하에,
개간지에 대한 무라의 공동 소유,
빚에 대한 담보로서의 장기 대여 등등이
흐릿하게 혼재되어 있는 것이 전근대의 부동산.

지주, 소작 형태도
다양한 양상으로
나타난다고요.

천한 것들이 돈 좀 만졌다고
힐끔거리지 말고 번 만큼
세금이나 열심히 바치거라~

그러한 상인, 부농들은 당연히 철저한 신분제
사회인 막번 체제가 마음에 들지 않았고.

······

천하를 엎어버리겠다는
유신 세력이 등장하자
물적·인적 지원을
아끼지 않았던 것입니다.

일군만민!!!
한 임금 아래
사농공상 구분 없는
평등 세상 이룩!!

뚝웅

오오!! 킹군갓민!

천하에 맞말!!
또 맞말입니다!!

이상의 요인들은 기백 년에 걸쳐
광범위하게 축적된 에너지들이었으니,

1. 무사 계층의 체제 이반
2. 유교 확산과 반체제 이념화
3. 웅번의 부국강병
4. 민력의 성장

으어어어

막부 멸망이
우발적 사건이 아닌
시대적 흐름에 의한 것임을
알 수 있습니다.

물론 막부 측에서도 18~19세기에 걸쳐
그런 부분들에 대한 대책 마련의 목소리가 없지 않았지만

중앙집권
관료 국가로의
체제 개편!

과거 시험
실시!

결국 실기하고.

뭐~ 어떻게든
되겠지~

쇼군
군주국!

"나라를 망하게 하는 말 한마디.
-'뭐 어떻게든 되겠지'-
막부는 이 말 한마디로 망했다!"

오구리 다다마사

그렇게 막부가 멸망한 이후, 막부의 250년 거점
에도에는 침체와 우울만이 가득.

참근교대 폐지되고
도쿠가와家 퇴거하면서
에도 인구가 반토막 났다더라고.

어, 이제 에도가 아니라
도쿄로 이름을
바꿨다는데요.

도쿄? 뭐 그런
촌스러운 네이밍이;;;

100만 大에도의
영화는 이제 옛 이야기로만
남을 것인가. ㅠㅠ

삼가시오~!

음?

1868년 11월 26일
도쿄 천도.

무쓰히토 천황, 에도城 입성.

# 주요 사건 및 인물

## 주요 사건

### 대정봉환

조약 칙허 반대가 실패함으로써 정치적 해법을 통한 막부의 권력 와해가 어렵다고 판단한 사쓰마와 조슈 번은 무력 토막 계획을 구체화한다. 이에 좌막과 도막 사이의 균형추를 자처하던 도사 번 실권자 야마우치 요도가 사카모토 료마가 올린 대정봉환안(선중8책)을 막부에 건의하고, 당시 정치적 수세에 몰려 있던 쇼군 도쿠가와 요시노부가 대정봉환, 즉 막부의 통치권 반환안을 받아들임으로써 265년간 이어졌던 에도막부의 통치가 막을 내린다.

### 도바·후시미 전투

왕정복고 이후 사쓰마 번사들이 에도 시내에서 테러 공작을 벌여 막부의 핵심 지지층을 자극하고, 전쟁을 피할 수 없게 된 요시노부가 막부군 1만 5천을 교토를 향해 진군시킨다. 신정부 측은 사쓰마 병력 3천을 주축으로 한 4~5천 병력을 막부군의 진군로인 도바 가도와 후시미 가도, 양측에 배치하여 맞섬으로써 1868년(무진년) 1월, 무진전쟁이 시작된다. 이 전투에서 막부군은 수적 우위에도 불구하고 졸렬한 전술로 도바·후시미 양쪽 모두에서 패퇴하고, 그 결과 서일본 대부분의 번들이 신정부군에 합류하게 된다.

### 에도 개성

1868년 1월 31일, 신정부는 막부를 조적(조정의 적-역적)으로 선포하고 토벌령을 발령한다. 도바 후시미 전투의 패배 소식을 들은 요시노부는 오사카 성을 떠나 에도로 돌아간다. 같은 해 2월, 3개 루트로 군을 나눠 신정부 동정군이 출정한다. 신정부군의 진공을 앞두고 에도 성에서는 항전파와 협상파의 쟁론이 벌어지고, 결국 협상파가 승리하여 가쓰 가이슈가 신정부 측과의 대화에 나선다. 이후 슨푸 성 회담 등을 통해 항복 조건을 조율한 양측은 에도 성의 무장 해제와 요시노부의 은거 등을 골자로 협상을 마무리 짓는다.

## 오우에쓰 열번 동맹과 동북전쟁

에도 개성 이후 관동 지방이 신정부군에 의해 빠르게 평정되고, 전장은 막부를 지지하던 마쓰다이라 가타모리가 번주로 있는 아이즈 번이 위치한 동북 지방으로 옮겨간다. 신정부는 센다이 번을 비롯한 도호쿠 지방의 번들에 아이즈 번을 토벌하라는 명령을 내린다. 이에 센다이 번은 오우 지방 14개 번들과 회의를 열어 아이즈 번의 사면을 요청하는 탄원서를 제출하지만 받아들여지지 않는다. 이후 센다이 번을 비롯한 오우 일대의 번들이 오우에쓰 열번 동맹을 구성해 신정부에 맞선다. 전쟁 초반에는 열번 동맹 측의 선전도 적지 않았지만, 조직력에서 앞선 신정부군이 공세에 나섬에 따라 열번 동맹군은 각지에서 무너져내린다. 이에 요네자와 번을 비롯한 주요 번들이 동맹을 탈퇴하거나 신정부에 항복함으로써 열번 동맹의 패색이 짙어진다. 결국 아이즈 번과 쇼나이 번의 항복을 끝으로 동북전쟁은 신정부의 승리로 마무리된다.

## 왕정복고

대정봉환 이후 공식적으로 막부와 쇼군의 통치가 종식되었으나 사실상 막부 행정 조직이 여전히 나라를 운용하고, 새로운 정부 조직 구성의 책임마저 요시노부에게 주어지면서 도막파의 불만이 커져간다. 이후 신정부 구성 제후회의를 위해 사쓰마를 비롯한 5개 번 병력이 상경하여 황궁을 점거하고 쿠데타를 일으킨다. 이 5개 번 대표들과, 이와쿠라 도모미를 필두로 한 반막부파 공경들이 입궁하여 신정부를 구성하고, 막부의 완전 해체를 골자로 하는 〈왕정복고의 대호령〉을 메이지 천황의 명의로 발표한다.

## 하코다테 전쟁

동북전쟁이 마무리된 1868년 8월, 도쿠가와 막부의 해군 부총재 에노모토 다케아키는 구 막부의 신하들을 보호하고 북방을 방어한다는 이유를 내세워 해군 기함 가이오마루를 비롯한 8척의 함선을 이끌고 에도를 탈출한다. 탈출 도중 전습대와 신센구미, 창의대를 비롯한 구 막부 세력을 대거 흡수해 전력을 갖추고 이들을 바탕으로 홋카이도의 마쓰마에 번을 점령, 하코다테에 정청을 두고 에조섬 정부를 구성한다. 곧 신정부 측에서 토벌군을 보내고, 에조섬 정부도 반격에 나서지만 뜻밖에 구 막부 해군의 핵심 전력인 가이오마루가 풍랑으로 좌초, 침몰하고 만다. 여기에 신정부 측이 미국 정부로부터 프랑스제 철갑함 스톤월을 인수하면서 신정부가 해군 전력에서도 우세를 점한다. 1869년 5월 최후의 결전에서 신정부군이 하코다테를 제압하자 에조섬 정부는 고료가쿠 성문을 열고 항복한다.

### 효고 개항

1865년 11월 영국, 프랑스, 네덜란드 3개국 연합 함대가 효고(고베) 앞바다에 내항하여 1858년 에도막부와 맺은 안세이 5개국 조약의 칙허와 효고의 조속한 개항을 요구한다. 이에 막부는 1868년 1월 안에 이 요구를 이행하기로 약조했으나 고메이 천황이 조약 칙허 전에 사망함으로써 문제가 불거진다. 어린 메이지 천황을 대신해 관백 니조 나리유키가 국사를 대행하는 가운데 조약 칙허를 반대하는 4후회의와 막부 간의 조정 로비 싸움이 벌어지고, 5섭가와 조정 상층부를 포섭한 막부 측이 승리를 거둬 1867년 6월 24일, 조약 칙허 도장이 찍힌다.

## 주요 인물

### 가쓰 가이슈

하급 무사 집안 출신으로 어려서부터 병학과 난학 공부에 몰두해 실력을 쌓았다. 1853년 흑선 내항을 계기로 막부가 시국에 대한 의견을 공모했을 때 〈해방의견서(海防意見書)〉를 제출하여 막부에 중용됐다. 이후 해군전습소 전습생 감독이 되어 일본 해군의 창설에 기여했고, 미일수호 통상조약 비준 특사단 참여 등의 활동을 통해 서양 전문가로서의 안목을 넓혀간다. 이후 1차 조슈 정벌 전에 사이고 다카모리를 만나 전쟁을 막을 것을 조언한다. 무진전쟁 시 에도 성 개성을 두고 항전파와 협상파가 대립할 때 협상을 주장했으며, 이어진 사이고 다카모리와의 협상을 통해 쇼군 도쿠가와 요시노부의 구명을 청하고 구 막부 신하들에 대한 처우도 협의하는 등 메이지유신의 중재자 역할을 했다.

### 도쿠가와 요시노부

도쿠가와 막부의 마지막 쇼군으로 미토 번주 도쿠가와 나리아키의 일곱째 아들이다. 히토쓰바시 가문의 후계자로 들어가 13대 쇼군 도쿠가와 이에사다의 후계자 자리를 놓고 기슈의 도쿠가와 이에모치와 경쟁했다. 당시 막부 개혁파의 지지를 받았으나 막부의 다이로인 이이 나오스케의 개혁파 숙청으로 쇼군직 승계에 실패하고 가택 은거 처분을 받았다. 하지만 이이 나오스케 암살과 국면 전환으로 쇼군의 후견직을 맡아 분큐 개혁을 실시하며 뛰어난 정치·외교 수완을 보인다. 하지만 열번 협치를 이루지 못하고, 조슈 정벌에 실패한다. 1866년 이에모치의 뒤를 이어 제15대 쇼군에 취임한 그는 대정봉환으로 정치적 난국을 타개하고 도쿠가와 가문의 일본 지배 체제를 존속시키고자 했으나, 도막파의 왕정복고 쿠데타로 실패한다. 이후 도바-후시미 전투에서 막부군이 패하자 에도로 도주. 1868년 4월, 에도 성 개성 협상 결과에 따라 도쿠가와 가문 당주를 이에사토에게 내주고 슨푸로 내려가 은거한다.

## 마쓰다이라 가타모리

일본 아이즈 번의 9대 번주로 에도 막부 말기에 끝까지 막부를 수호한 다이묘다. 1862년 고메이 천황의 신뢰를 얻어 교토의 치안을 맡은 교토 수호직에 취임했다. 도바·후시미 전투에서 막부군이 신정부군에게 패한 뒤 아이즈 번으로 돌아와 양자 마쓰다이라 노부노리에게 가문을 물려주고 근신했으나 신정부는 아이즈 토벌 방침을 확고히 했다. 이후 오우 제번의 아이즈 사면 요청을 신정부의 오우 총독부가 묵살하면서 동북전쟁이 시작되고, 가타모리의 아이즈군은 오토리의 구 막부군과 함께 신정부군에 맞서 싸우지만 결국 패배. 와카마쓰 성에서 농성전 끝에 신정부군에 항복한다. 이후 도쿄에 거주하며 종3위 작위(자작급)를 받고 신사의 궁사직 등을 맡아보며 살다가 1893년 59세로 사망한다.

## 사이고 다카모리

사쓰마 번의 하급 무사 출신으로 번주 시마즈 나리아키라에게 능력을 인정받아 그의 측근으로 일했다. 교토에서 히토쓰바시파 정치 운동을 하다가 주군 나리아키라의 죽음과 안세이 대옥을 맞아 사쓰마로 도주. 이후 아마미오 섬에서의 유배 생활을 거치며 도막 운동의 중심 인물로 성장했다. 금문의 변 때 조슈군에 맞서 싸웠지만, 이후 사카모토 료마 등의 주선으로 조슈 측과 삿초동맹을 맺는다. 이윽고 왕정복고 쿠데타와 무진전쟁을 지휘하며 유신을 이끌었다. 이와쿠라 사절단 출국 당시 국내 정치를 총괄하며 정한론(征韓論)파의 리더가 되었다가 사절단의 귀국 후 정쟁에서 패해 귀향한다. 이후 정부와의 갈등이 격화되어 서남전쟁(西南戰爭)을 일으켰다.

## 야마우치 요도

일본 도사 번의 15대 번주로 막말 4현후 가운데 하나로 꼽히는 인물이다. 메이지유신 전부터 서양식 군비를 갖추고 번사들을 나가사키의 양학 학교에 보내는 등 적극적으로 번정 개혁을 주도했다. 안세이 대옥 당시 근신 처분을 받고 존양파 귀족들과 친분을 쌓아 존양파로 여겨졌으나 8·18정변 이후에는 번 내 존양파를 숙청하고 막부 편에 서는 등 도막파와 좌막파 사이에서 모호한 태도를 취했다. 그런 탓에 "취하면 도막, 술 깨면 좌막"이라는 조롱을 받기도 했으나 오히려 그런 태도 덕분에 삿초동맹과 대정봉환을 완수하는 데 큰 역할을 할 수 있었다는 평가도 있다. 왕정복고 이후 메이지 정부 의정(議定)을 맡기도 했으나 1872년 46세의 이른 나이로 사망했다.

## 에노모토 다케아키

막말 유신기의 군인으로 나가사키 해군전습소에서 항해술과 네덜란드어를 익혔다. 1862년 국비 유학생이 되어 네덜란드로 향한다. 헤이그에서 항해술, 조선술, 국제법 등을 공부하고 슐레스비히−홀슈타인 전쟁을 관전, 무관 자격으로 참관한다. 막부가 네덜란드에 주문한 군함 가이오마루의 회송을 맡아 1867년 귀국. 이후 가이오마루의 함장, 해군 부총재 등을 역임했다. 1868년 무진전쟁을 맡아 막부가 멸망하자, 신정부에 함선 인도를 거부하고 구 막부 잔당들과 함께 센다이를 거친 후 홋카이도로 가서 에조섬 정부를 수립했다. 1869년 하코다테 전투 패배 후 신정부에 항복. 3년 간의 수감 생활 후, 구로다 기요타카의 천거로 메이지 정부에 등용되어 러시아와의 북방 영토 협상 등의 중임을 맡는다.

## 이와쿠라 도모미

에도시대 말기부터 메이지시대 초기까지 활동한 정치가. 고메이 천황의 시종으로 정계에 입문했다. 쇼군 도쿠가와 이에모치와 고메이 천황의 동생 가즈노미야의 혼인 문제로 논란이 벌어졌을 때, 조정의 권위 회복과 막부에 대한 영향력 확대를 위해 공무합체를 지지했다. 하지만 그러한 정치적 입장 때문에 탄핵당해 실각한 이후 막부 토벌파로 전향해, 사쓰마 번과 조슈 번의 토막파에게 막부 토벌의 밀칙을 내리는 등 왕정복고 쿠데타를 주도했다. 메이지 신정부가 출범한 이후 외무경, 우대신 등 여러 고위직을 맡으며 정부의 중심인물이 되었고, 이와쿠라 사절단을 이끌고 서양 각국을 돌아보며 세계에 대한 일본의 안목을 크게 확장시켰다.